COMMENT
ON A
RESTAURÉ L'EMPIRE

PARIS. — IMPRIMERIE CHAIX (S.O.). — 19558-4.

JULES RICHARD

COMMENT
ON A
RESTAURÉ L'EMPIRE

PARIS

E. DENTU, ÉDITEUR

LIBRAIRIE DE LA SOCIÉTÉ DES GENS DE LETTRES

PALAIS-ROYAL, 15, 17, 19, GALERIE D'ORLÉANS

—

1884

Droits de traduction et de reproduction réservés.

PRÉFACE

La Révolution s'affirme depuis le commencement de ce siècle avec une certitude méthodique. On peut, en effet, formuler ses trois dernières manifestations par trois mots caractéristiques :

  1830. Libéralisme.
  1848. République.
  1870. Socialisme.

De plus, chacune de ces commotions politiques a été suivie par une affirmation populaire brutale et sanglante :

  Juin 1832. Convoi du général Lamarque.
  Juin 1848. Révolte des ateliers nationaux.
  Mars 1871. Commune de Paris.

Au fur et à mesure que les révolutions politiques deviennent plus faciles, que les renversements de régime s'accomplissent plus aisément, les commotions populaires qui veulent les compléter et en suspendent généralement les progrès, se font plus énergiques, plus violentes, plus longues. En 1832, c'est une simple émeute qui suit la révolution sanglante des *trois glorieuses;* en 1848, c'est une guerre servile de quatre jours, qu'il faut réduire à coups de canon et réprimer avec des lois exceptionnelles, et cela trois mois après une révolution presque exempte de combats; enfin, en 1871, c'est un gouvernement insurrectionnel qui chasse le gouvernement de fait, puis légifère, perçoit l'impôt et lève une armée, et dont on n'obtient la défaite qu'après un siège régulier de deux mois. Or, le 4 Septembre n'avait pas coûté une goutte de sang à la population.

Ce phénomène singulier provient de ce que le *parti conservateur* se mêle de moins en moins au progrès social; qu'indifférent de plus en plus aux révolutions politiques, il permet toujours au parti vainqueur d'endosser son appui, de le négocier au besoin et de l'escompter comme un véritable chèque.

De 1848 à 1851, un homme s'est trouvé qui a endossé, négocié, escompté le *parti conservateur* — masse inerte et inconsciente — avec l'intention de le soustraire aux dangers qu'il courait. Pour ce faire, il a dû le violer. On a dit et répété — avant comme après — que cet homme était bien au-dessous du rôle qu'il avait joué. C'est un mensonge. Napoléon III était un homme de premier ordre; les colères que, du fond de sa tombe, il inspire aux républicains, prouvent sa force et sa valeur. Qu'il ait commis, depuis, des fautes et des fautes énormes, cela n'est pas niable. Mais l'essence de ces fautes, il faut la rechercher dans le goût que le prince Louis avait toujours eu pour les républicains. Ce soutien du parti de l'ordre avait été un conspirateur, un *carbonaro*; il avait attaqué deux fois à main armée le gouvernement de Louis-Philippe ; il y avait eu dans son métier de prince une interruption fatale, qui devait peser sur tout l'exercice de son pouvoir impérial.

Lorsque, en 1867, je revenais des États pontificaux, où j'avais assisté à la défaite de la petite armée de Garibaldi, je racontai à Napoléon III que sur le champ de bataille de Mentana un prisonnier garibaldien — c'était un Parisien que j'avais connu sur le boulevard — m'avait dit qu'il ne pardonnerait jamais à Garibaldi de l'avoir mis dans le cas de tirer sur ses compatriotes en pays étranger et s'était exprimé de la façon suivante :

« Je ne suis pas un émigré, moi; je ne serais pas allé à Coblentz. Je suis un bon Français. Ah! dans les rues de Paris, c'est différent. A Paris, oui, je tirerais sur la garde impériale ; mais, alors, ce serait la guerre civile. »

L'empereur me répondit avec un sourire doux :

« Il avait raison, ce n'est pas du tout la même chose. »

Le souverain qui, sur le trône, a de pareilles pensées, n'est pas bien redoutable aux républicains.

Si, en 1884, au moment même où le *parti conservateur*, divisé, battu, ne se sentant plus lui-même, n'est désormais défendu que par les vieux et impuissants fantômes de la religion, de la famille et de la propriété, j'ai entrepris de raconter comment l'empire a pu être restauré il y a trente-trois ans, ce n'est pas pour le vain plaisir de faire un livre. Il m'a semblé qu'il était utile, alors que la branche aînée des Bourbons était définitivement éteinte, alors que les Bourbons cadets et les Bonapartes dégénérés faisaient leur paix avec la République pour jouir du séjour de Paris, il m'a semblé, dis-je, utile de raconter l'histoire du dernier prétendant qui, à force de volonté, a fait triompher ses prétentions.

Ce livre n'est donc point écrit pour insulter les républicains, ni pour exalter les conservateurs. C'est un livre de constatation, qui cherche à dégager la vérité d'événements que beaucoup de gens encore ont intérêt à dénaturer.

Il est certain que la France avait eu tort de renverser Louis-Philippe. Son excuse fut qu'elle ne savait pas qu'elle le renversait. Mais Louis-Philippe à bas, les princes ses fils étant médiocrement d'accord sur la meilleure conduite à suivre, leurs partisans tiraillés entre le désir de paraître fidèles et la volonté de sauvegarder leurs intérêts, le seul homme qui fût prêt alors était le prince Louis-Napoléon. Le prince de Joinville — très populaire encore — n'était pas en situation de lutter contre lui, et Henri V restait toujours à demi silencieux et tout à fait inactif, comme s'il comptait sur l'intervention divine pour recouvrer la couronne de ses ancêtres. Le *parti conservateur* le comprit le 10 décembre 1848 ; le suffrage universel, presque vierge, eut l'intuition de son grand devoir. Mais le futur Napoléon III ne s'étant pas fait empereur le lendemain de sa première élection, il fallait qu'il laissât la Constitution républicaine s'user en accomplissant son premier cycle. Le *parti conservateur* — toujours jovial — employa ces trois années à défaire ce qu'il avait fait. Mais on avait encore, en France, la haine des gens de désordre, des administrateurs ignorants, des blagueurs de club et de tribune. Or, tout ce que faisait le *parti conservateur* contre le parti républicain profitait au prince Louis-Napoléon. On essayait en vain de le faire passer sous le même joug, de lui infliger les mêmes chaînes ; il ne le permit pas. Fin finale, lorsque le coup d'État devint nécessaire, inévitable, il était prêt. Changarnier et M. Thiers, les orléanistes et les légitimistes y avaient travaillé malgré eux ; ils n'en furent pas les victimes, quoi qu'ils en aient dit, mais ils en avaient été les artisans.

Le premier dimanche de mai 1852, s'il n'avait pas vu sortir des urnes une seconde fois le nom de Napoléon Bonaparte, aurait été le commencement d'une lupercale démagogique.

La France fut bien véritablement sauvée le 2 décembre 1851.

Qu'elle ait été, depuis, sacrifiée dans une mauvaise politique extérieure et intérieure, personne ne le nie : encore moins les partisans éclairés de l'Empire que ses ennemis. L'empereur fut trop républicain dans sa politique : républicain, en aidant l'ingrate Italie à devenir une ; républicain en soutenant la Turquie contre la Russie ; républicain, en restaurant les libertés supprimées, en ouvrant le droit des coalitions, en supprimant mille entraves qui pesaient sur la liberté des transactions, en préférant la fatuité inconsciente de M. Émile Ollivier, qui n'avait jamais cessé de le combattre, à l'utilité laborieuse de M. Rouher, qui l'avait toujours servi.

Mais le *parti conservateur*, en lui marchandant ses faveurs, en lui refusant son appui, le contraignait en quelque sorte à rechercher ailleurs le pivot de son gouvernement.

Ce serait une curieuse histoire à faire que celle du *parti conservateur*, qui n'a jamais rien su conserver.

Né le jour même où la grande Révolution éclatait, après avoir voulu être constitutionnel, essayé d'être girondin ; brisé, dispersé, battu, il se retrouva le 18 brumaire au pied de la tribune renversée du conseil des Cinq-Cents. Alors, tous les égarés s'accrochèrent aux pans de l'habit brodé du premier Consul ; mais, bien vite, ils s'étonnèrent de trouver en lui un tyran. Toutefois, comme il était écrit que la Révolution — et Napoléon était la Révolution — durerait assez de temps pour que la trace de ses bienfaits fût ineffaçable dans nos codes et dans nos mœurs, le *parti conservateur* se soumit à l'empereur, en maugréant et en conspirant.

Il conspira sous Louis XVIII, il conspira sous Charles X et ne fut point absolument soumis à Louis-Philippe, le roi de son choix. Or, à cette époque, il avait tout, tout, absolument tout : la direction des idées et des faits.

De 1789 à 1870, le *parti conservateur* — les classes dirigeantes, pour l'appeler par son vrai nom — composé des riches, des intelligents, des lettrés, des savants, a détenu l'instruction, l'industrie, le capital. Qu'en a-t-il fait ?

Il a inventé le remplacement militaire pour soustraire ses enfants à l'impôt du sang ; il a inventé le cens électoral pour éloigner du scrutin tous ceux qui ne possédaient pas, il a fait les tribunaux de commerce où siégeaient seuls les patrons ; il a monopolisé tout ce qui était monopolisable, aussi bien le tabac, qui est un poison, que la faculté d'aller et de venir et celle de communiquer sa pensée, qui sont des droits.

Il a dit à la multitude, à la vile multitude, comme l'appelait M. Thiers — la personnification la plus nette de la cuistrerie conservatrice — il lui a dit :

« Tu n'iras pas plus loin. »

Et il lui a montré une ligne tracée à cent mille mètres en arrière.

Et aujourd'hui encore, il regrette cette ligne de démarcation qu'il voudrait rétablir.

Est-ce là sa mission ? Est-ce là son rôle ?

Qu'il fasse son examen de conscience. Est-il bien sûr d'avoir strictement accompli sa tâche ?

Il a transformé son mandat de direction en privilège d'exploitation. Il a tout dénaturé, au lieu de tout perfectionner.

De la religion, malgré la mansuétude de nos mœurs, quelques zélés ont cherché à faire un instrument de propagande politique ;

De la famille — cette école de la patrie — ils ont flétri le foyer, en y admettant publiquement des mœurs frelatées et une littérature avilissante ;

Enfin, de la propriété, ce lien des sociétés modernes, ils ont si bien modifié les conditions, par une spéculation improductive, qu'elle n'inspire plus que de la convoitise. Comment respecter une chose qui s'acquiert et se perd, sans travail, sur un coup de Bourse, en quelques semaines ?

Nous sommes aujourd'hui en face de révolutionnaires assez habiles pour démolir avant, sans avoir la certitude de pouvoir reconstruire après. Et si je me sers du mot habiles, c'est qu'il n'y en a point d'autre. En effet, tandis que les chefs du parti de l'ordre, des classes dirigeantes désertaient le devoir de protéger, d'éduquer, de conduire le prolétariat et de lui donner tout ce qu'il est possible de lui donner, les révolutionnaires choisissaient le rôle le plus facile, le moins fatigant et le plus lucratif : celui de promettre à ce même prolétariat tout ce à quoi il a droit et tout ce à quoi il n'a pas droit.

Allez dans un club et écoutez un orateur.

S'il ne promet pas tout ce qu'on lui demande, il est arraché de la tribune et chassé honteusement.

La lutte de la raison contre la folie est devenue impossible.

Il faudrait qu'une main vigoureuse prît le prolétariat et la bourgeoisie, leur imposât silence et les réconciliât brutalement.

C'est ce que fit Napoléon III le 2 Décembre 1851.

Nous ne voyons pas à l'horizon poindre l'homme qui pourrait l'imiter.

Si nous avions la guerre, le général vainqueur — vainqueur surtout des Allemands — ne pourrait se soustraire à ce grand devoir. Que durerait ce nouveau César? Je n'en sais rien, mais je sais que celui qui rendra un vrai service, un service actif et signalé à la patrie, en recevra pour récompense le pouvoir suprême.

Moralement, nous sommes prêts à subir le joug d'un mâle.

Nous sommes fatigués d'être gouvernés par des impuissants, par des ignorants, par des ordinaires, par des médiocres, par des nuls. Il n'y a pas assez de différence entre les administrateurs et les administrés ; le prestige en haut, le respect en bas font défaut, parce que les causes de prestige et de respect sont absentes. Dans une démocratie où l'on compte trois cent mille fonctionnaires payés et six cent mille fonctionnaires élus, c'est-à-dire un fonctionnaire par quarante-une personnes, il n'y a pas de hiérarchie intellectuelle possible. Tout citoyen est électeur, tout électeur peut être élu ; s'il ne l'a pas été hier, il le sera demain ou se fera donner une place par celui auquel il aura cédé sa voix. Pour être pures, les mœurs républicaines ont besoin d'être moins provoquées à mal. D'ailleurs, l'histoire nous apprend qu'on tombe toujours du côté où l'on penche :

Louis-Philippe vivait de la garde nationale, il est tombé par la garde nationale ;

L'Empire vivait par le prestige de ses victoires, il est tombé faute de victoires ;

La République vit du trafic des places, elle mourra le jour où elle aura trop de fonctionnaires pour les payer.

Mais, lors de ce jour proche où l'argent manquera, qui prendra le pouvoir ?

Un prince ?

Lequel ? et comment ?

Lorsqu'une monarchie ou un empire succombe, il y a là tout de suite et toute prête la République pour donner le temps de se reconnaître. Mais quand une république tombe, il faut un prince, ou alors on tombe de mal en pis, de République en démagogie ; et si l'on ne se reconnaît pas vite, s'il n'y a pas de prince prêt, on fait comme en 1799, on prend un général vainqueur.

Voilà treize ans que la République dure. Depuis la mort du prince impérial, aucun prince n'est désigné par l'opinion publique comme étant prêt à oser se mettre en avant.

Aucun.

Il y a bien celui-ci qui écrit des manifestes et tel autre qui n'en écrit pas ; il y a aussi celui-ci qui parle et un autre qui se tait ; mais le public n'y mord pas. S'il existe des prétentions, il n'y a pas de prétendants, et comme le disait sévèrement un homme de 1851, aujourd'hui hors d'âge et hors de service :

« Je vois bien de prétendus princes, mais je ne vois pas de princes prétendants. »

Que leurs petites cours ne le leur disent point, je le conçois, — mais il n'est pas mauvais que de temps en temps une voix venant de la foule les avertisse que si, en France, les royautés s'en vont, c'est que les princes ne viennent pas.

Vous connaissez la fable :

> Survient un troisième.....

Tandis que le parti bonapartiste et le parti orléaniste se disputent, un homme peut bien surgir des événements — des événements de demain, inconnus, insondables, — qui fondera... la cinquième dynastie ? Peut-être !... et à coup sûr un régime nouveau, transitoire peut-être, mais qui reposera la France du carnaval qu'elle traverse.

C'est notre avenir, à moins que l'un des deux ennemis de la société actuelle : le casque prussien ou la dynamite sociale, ne triomphe.

Le jour où l'une de ces trois solutions se réalisera, le parti conservateur pourra se demander, suivant que ce soit l'une ou l'autre, s'il n'est pas coupable envers la société ou la patrie.

Dans tous les cas, ce livre, si infime que soit son auteur, témoignera qu'un citoyen en France avait constaté que le parti conservateur n'a été sauvé, en 1851, que malgré lui, par le prince Louis-Napoléon, et qu'il ne se sauvera pas du mauvais pas où il s'est engagé, parce qu'il n'y a pas de prince qui malgré lui ou avec lui, cherche à le sauver.

COMMENT
ON A
RESTAURÉ L'EMPIRE

CHAPITRE PREMIER

La *Revue comique*. — Les partis en novembre 1848. — Les caricatures. — Un mot de Lamartine sur le 24 Février. — *Napoléon! sois bon républicain.* — L'Hôtel du Rhin. — Un souvenir de Strasbourg. — Le traître de Boulogne. — La Société du 10 Décembre. — Une nouvelle garde impériale. — Scrutin plébiscitaire du 10 Décembre.

Le prince Louis-Napoléon était-il un crétin ou un ivrogne?

A la fin du mois d'octobre 1848, en voyant chaque jour s'augmenter ses chances à la présidence de la République, chacun se le demandait, non seulement en France, mais en Europe.

Un journal, créé par les amis du général Cavaignac, s'était chargé de faire croire aux bons bourgeois de Paris que le prince, « le prince pour rire », comme il l'appelait, était le dernier des hommes. Ce journal, la *Revue comique*, n'a pas discontinué de le répéter pendant plusieurs mois. Il n'épargnait d'ailleur aucun des adhérents du prince. Les crayons aimés de Bertall, de Nadar, de Lorentz, de Quillenbois, associés aux plumes acerbes de Lireux et de Caraguel, vomissaient les injures les plus redoutables contre Girardin, Thiers, Victor Hugo, le maréchal Bugeaud; pour ne citer qu'un exemple de ces aménités, disons qu'une caricature de ce recueil représentait Girardin en Robert-Macaire et Victor Hugo en Bertrand!

La campagne présidentielle était, du reste, menée grand train par le cabinet du général, chef du pouvoir exécutif. M. Dufaure, ministre de l'intérieur, et le général Lamoricière, ministre de la guerre, n'épargnaient ni les fonds secrets, ni l'arbitraire en faveur de Cavaignac. Toute l'administration, les manches retroussées, était descendue des hauteurs majestueuses du pouvoir pour entrer dans la lutte.

La pression électorale n'a jamais été plus forte depuis en aucune circonstance; mais elle a été souvent plus habile et plus efficace.

La Constitution de 1848, rédigée par les monarchistes, dans l'intérêt d'une monarchie imaginaire, avait revêtu la future présidence de privilèges considérables. Ses pouvoirs devaient être à peu près équivalents à ceux d'un roi constitutionnel; or, le futur président devait les tenir du suffrage universel, c'est-à-dire être le citoyen le plus acclamé du pays.

Il est vrai qu'en limitant au premier dimanche de mai 1852 la durée de la première présidence, sans renouvellement possible, elle avait enfermé le futur élu entre l'obligation de rentrer modestement dans la foule et la nécessité de faire un coup d'État.

Mais, effrayée elle-même de son imprudence, elle avait orné cette belle invention d'une précaution que la volonté du peuple allait rendre inutile. Son article 47 — personne ne se le rappelle aujourd'hui ou ne veut s'en souvenir — était redoutable. Si nul candidat n'obtenait au premier scrutin plébiscitaire la majorité absolue et au moins 2 millions de suffrages, l'élection devait être faite par l'Assemblée nationale au scrutin secret parmi les cinq candidats ayant obtenu le plus de voix.

On ne se doutait pas qu'un citoyen fût alors en possession d'une popularité qui lui permît de réunir plusieurs millions de suffrages. Le gouvernement du général Cavaignac ne luttait donc point pour lui faire obtenir la majorité, mais pour empêcher Louis-Napoléon de l'avoir.

Malgré les services qu'il avait rendus à la société — style d'alors — le général Cavaignac sentait lui-même que sa personnalité manquait d'ampleur. Il était le plus mince de cette pléiade de brillants africains dont Bugeaud, Lamoricière, Bedeau, Changarnier étaient les chefs. Son plus haut mérite c'était d'être le frère de Godefroy, et par conséquent le protégé, l'homme-lige du *National*. Ajoutons à cela une figure d'une certaine austérité, une parole autoritaire et métallique, un esprit tenace, mais sans souplesse, des habitudes hautaines, et, il faut le proclamer, un désintéressement complet dans les affaires d'argent, déparé par trop d'âpreté dans les questions politiques. On jugera d'après ce portrait que les *missi dominici* envoyés par le général Lamoricière dans les villes de garnison, pour prêcher l'élection de son camarade, durent rencontrer des sympathies peu empressées. L'un de ces envoyés, en rapportant son viatique le surlendemain de son départ, peignait la situation par ces quelques mots ; je les lui ai entendus dire :

« Si encore votre général était Geneviève

de Brabant ou l'un des quatre fils Aymon, je ne dis pas. Mais il s'appelle Cavaignac, Cavaignac tout court... tandis que Napoléon, ça ronfle. »

Et puis, si le général disposait de tous les atouts administratifs, il n'avait à sa disposition aucun candidat secondaire de figure assez considérable, pour lui faire le jeu contre son redoutable concurrent.

Les orléanistes avaient eu, il est vrai, l'heureuse pensée de présenter le prince de Joinville. La portée réelle de cette candidature, qui aurait pu avoir son importance, avait été déterminée aussi plaisamment que véridiquement par une caricature du temps. Du haut d'un tréteau de foire, le prince Louis et le prince de Joinville convient la foule des électeurs.

« Je suis le neveu de mon oncle ! disait l'un.

— Je suis l'oncle de mon neveu ! » répondait l'autre.

En ce moment-là, il valait mieux — cela est certain — être le neveu du grand Napoléon que l'oncle du comte de Paris.

D'ailleurs, cette candidature avait été posée sans crânerie, sans autorité, sans persévérance, et le lendemain de cette médiocre audace le parti orléaniste s'était aussitôt évaporé de lui-même à droite et à gauche, comme cela est son habitude.

La Révolution de 1848 fut — personne ne le nie — une surprise pour tout le monde, pour ceux au profit de qui elle tourna et aussi pour les bourgeois qui auraient pu et dû l'empêcher. Charles X, on le sait, avait été renvoyé parce qu'il avait succombé dans sa lutte contre le pays légal. Louis-Philippe, au contraire, était tombé en plein accord avec les Chambres et même en défendant *le pays légal.* La réforme électorale était si mal définie la veille de la Révolution dans l'esprit de ceux qui la réclamaient, que le lendemain — je le tiens de l'un d'eux — ils durent proclamer le suffrage universel, faute de s'entendre sur les limites à donner au droit de voter. Lamartine n'a-t-il pas dit, le 11 septembre 1848, à la tribune de l'Assemblée nationale : « Je déclare hautement que le 24 Février, à midi, je ne pensais pas à la République. » Pour les gens clairvoyants, cette brusque chute d'un roi relativement débonnaire tenait à des causes imprévues; une intrigue avait certainement divisé la famille royale sur la question de la régence; le départ subit du roi, après son abdication, arrachée par les personnages les moins autorisés et avant l'acceptation par les Chambres, était aussi très sévèrement jugé. La bourgeoisie n'admettait pas que la royauté l'eût abandonnée, alors qu'elle abandonnait le roi. La reine Amélie, en quittant les Tuileries, avait formellement accusé la duchesse d'Orléans ; les militaires étaient d'accord pour trouver que le général Bedeau s'était fort mal conduit à la Porte Saint-Denis. Enfin, puisque nous racontons les impressions du moment, la proclamation du duc d'Aumale à l'armée d'Afrique et sa soumission spontanée aux volontés de la nation, ne provoquaient aucun enthousiasme et étaient même qualifiées de défaillance (1).

De plus, la publicité timide de leur justification ne pénétrait pas dans les masses ; il

(1) Proclamation du duc d'Aumale, gouverneur général de l'Algérie, aux habitants de l'Algérie et à l'armée :

« Alger, 3 mars 1848.

» Habitants de l'Algérie,

» Fidèle à mes devoirs de citoyen et de soldat, je suis resté à mon poste tant que j'ai pu croire ma présence utile au service du pays.

» Cette situation n'existe plus. M. le général Cavaignac est nommé gouverneur général de l'Algérie. Jusqu'à son arrivée à Alger, les fonctions de gouverneur général de l'Algérie par intérim seront remplies par M. le général Changarnier.

» Soumis à la volonté nationale, je m'éloigne ; mais du fond de l'exil, tous mes vœux seront pour votre prospérité et pour la gloire de la France que j'aurais voulu servir plus longtemps.

» H. D'ORLÉANS. »

Alger, imprimerie Monginot, place du Soudan.

semblait que les agents naturels de la famille d'Orléans regrettassent encore plus le suffrage restreint que la monarchie constitutionnelle. Ils s'entêtaient dans des éloges superflus sur l'excellence d'une institution dont ils ne pouvaient plus se servir, et, au lieu de chercher à plaire au suffrage universel, ils conspiraient déjà secrètement pour le détruire.

Malgré cela, si son parti avait maintenu énergiquement sa candidature, inconstitutionnelle il est vrai, de par la loi de bannissement, le prince de Joinville (1) aurait réuni certainement sept ou huit cent mille voix, peut-être plus. On souffrait beaucoup, la crise commerciale était complétée par une crise métallique très gênante, et Louis-Philippe n'avait pas laissé de mauvais souvenirs. Un million de voix donné au prince d'Orléans le plus aimé aurait été une imposante manifestation politique et un appui pour le général Cavaignac. Le prince Louis eût vraisemblablement été nommé tout de même, mais il entrait dans la première magistrature du pays avec l'idée que le parti d'Orléans vivait

---

(1) Dans le sac des Tuileries, le 24 Février 1848, les bustes et les portraits du prince de Joinville avaient été respectés, tandis qu'on affectait de s'acharner sur ceux du roi et du duc de Nemours.

encore et qu'il fallait compter avec lui; tandis qu'il eut le droit de croire le contraire et il en usa.

L'abstention, le silence et la bouderie sont toujours des fautes pour les partis qui n'abdiquent pas absolument; les orléanistes n'ont jamais compris cela. Ils raisonnent trop et n'agissent pas assez.

Naturellement, les légitimistes ne pouvaient avoir pour candidat qu'un Monk — et il ne s'en dessinait pas dans l'état-major. Le mot *Fusion* n'avait pas encore été prononcé. Sans se désintéresser complètement et avec cette dignité un peu dédaigneuse qui était leur règle de conduite depuis l'emprisonnement de la duchesse de Berry à Blaye, beaucoup s'abstinrent. Ceux qui votèrent donnèrent leurs voix au prince Louis, en disant avec Berryer qu'il allait essuyer les plâtres pour qu'à son retour Henri V les trouvât secs.

Quant aux républicains, ils n'avaient point appris encore avec Gambetta le prix de la discipline. Divisés par les sinistres conséquences des événements de Juin, par le décret de proscription lancé contre Caussidière et Louis Blanc à la requête de cet odieux Jules Favre, par les accusations maladroites des Garnier-Pagès, Duclerc et Barthélemy

Saint-Hilaire contre Cavaignac et aussi par la discussion de la Constitution, ils avaient autant de candidats que de nuances : Lamartine était le candidat des niais; Ledru-Rollin, l'homme des rouges, et Raspail, le chef des anarchistes. Ils n'avaient aucune chance, mais ils enlevaient des voix au général.

A moins que l'on ne comptât pour un parti les quelques audacieux qui entouraient le prince, le parti bonapartiste n'existait pas encore, mais l'idée napoléonienne, à la fois nulle part et partout, était dans les souvenirs de chacun, dans l'histoire des familles, dans les monuments, dans les musées. Le parti bonapartiste, c'était la gloire du grand Napoléon, qui emplissait le monde entier. Les rapports des préfectures et des parquets le représentaient, au mois de novembre, comme honteusement battu ; au contraire, les chefs de légion de gendarmerie — bien renseignés par leurs chefs de brigades — affirmaient, quinze jours à l'avance, que les campagnes voteraient comme un seul homme pour Napoléon. Ce nom, ce nom magique révolutionnait alors toutes les imaginations. Cinq mois avant, il avait forcé les portes de l'Assemblée, et les chansonniers démocrates, sûrs de son élection, lui disaient :

> N'ignore pas qu'une énorme distance
> Doit séparer un président d'un roi,
> De ton mandat si tu sais l'importance,
> Vers l'avenir regarde sans effroi.
> Si tu cherchais à monter sur le trône,
> Le sang pourrait arroser ton chemin.
> Notre amitié vaut bien une couronne,
> Napoléon ! sois bon républicain.

Pour une élection qui allait se faire au suffrage universel, cette chanson valait mieux qu'un long poème.

De plus le prince était bien environné — c'est avec intention que je me sers de ce mot. A l'hôtel du Rhin, où il avait établi son quartier général, en face de la colonne, se tenaient tous les jours des conciliabules, dont MM. Thiers (1), Victor Hugo, Molé, Berryer, le maréchal Bugeaud, le général Changarnier, Émile de Girardin et bien d'autres ne dédaignaient pas de faire partie.

Ces hauts personnages venaient stimuler le zèle des Persigny, des Laity et autres anciens compagnons et complices du prince, tant à Strasbourg qu'à Boulogne. On y recevait des députations, des adhésions, des adresses. Aucune manifestation sympathique n'était repoussée, aucune lettre n'était

---

(1) M. Thiers avait essayé de faire de l'ex-roi Jérôme Napoléon un candidat à la présidence ; mais le parti bonapartiste et la famille Bonaparte étaient tombés d'accord pour réunir leurs efforts sur le prince Louis, seul héritier de l'empereur, en vertu des constitutions de l'empire.

laissée sans réponse, aucun zèle attiédi. A défaut d'argent, on trouvait là de bonnes paroles, des promesses et de chauds encouragements.

Car l'argent manquait, l'argent manquait même beaucoup. C'est à crédit qu'a été faite l'élection du 10 Décembre. Quelques anciens amis d'Angleterre, la princesse Mathilde, cousine du prince, des dévouements obscurs s'étaient saignés à blanc. On avait contracté un emprunt assez mince chez un banquier qui fut depuis ministre. Mais une élection pour laquelle il faut faire imprimer trente à quarante millions de bulletins, deux à trois cent mille affiches, lancer des agents partout, est un gouffre insatiable. Dès que quelques billets de mille arrivaient, aussitôt ils étaient divisés, dépecés, expédiés. Le prince, plein de foi dans son succès, ne faisait pas de réserves ; il donnait quand il avait et promettait quand il n'avait pas.

Bien que cette étude ne porte que sur les faits spéciaux qui préparèrent le Deux-Décembre 1851, elle doit s'étendre sur l'élection du 10 décembre 1848, car le lendemain, le soir même de l'entrée du prince à l'Élysée, un coup d'État devenait possible ; au contraire, si l'élection ne se faisait pas en sa faveur, la République triomphait.

Il n'y a en effet que deux manières d'accomplir un coup d'État :

Ou se faire donner, par une portion du gouvernement, l'autorité nécessaire pour renverser l'autre ; c'est ce qu'a fait, le 19 brumaire, à Saint-Cloud, le général Bonaparte, après avoir reçu la veille, 18, des inspecteurs des conseils, le commandement des troupes destinées à protéger le pouvoir législatif contre les Directeurs ;

Ou bien se servir du pouvoir que l'on a pour modifier la Constitution. C'est l'acte du 2 Décembre 1851.

Dans l'un comme dans l'autre cas, il faut un homme, et un homme fortement doué.

Le prince Louis-Napoléon était l'homme de l'occasion et de la circonstance — et l'on peut ajouter que, dès le 10 Décembre 1848, il avait pour complices les deux tiers de la nation.

C'est qu'on savait qu'il était désireux de régner, qu'il ferait tout pour régner et qu'il avait été élevé pour régner.

Notre siècle a vu trois femmes, trois princesses admirables, dont le caractère viril et le tempérament politique ont fait pâlir la volonté des hommes de leur temps. La reine Hortense, madame Adélaïde, la duchesse de Berry. Toutes trois ont été ou mère ou sœur de prétendants, et chacune d'elles a rempli avec honneur les devoirs que lui assignait la destinée.

La reine Hortense fut le type idéal de la mère de prétendant. Elle n'était point née sur le trône; elle n'avait point sans doute acquis, dans la rapide et surprenante élévation de sa famille, toutes les vertus que nos mœurs et nos usages exigent des reines; mais l'épouse évaporée s'était retrouvée grande et forte devant ses devoirs de mère et de tutrice.

Je ne veux examiner ici ni discuter les légendes qui ont été racontées sur la naissance de l'ex-empereur; en ces circonstances, le Code civil ne permet pas d'interprétations à des tiers; il s'applique dans toute sa rigueur. D'ailleurs, le roi Louis, dans une lettre dont je parlerai plus tard, a donné un démenti formel à toutes ces inventions; le prince Louis-Napoléon était bien effectivement son fils. Il était prince de naissance et devant sa destinée, prince dans la meilleure acception du mot. Toujours prêt à se mettre à la tête de ses amis, dès que les événements l'exigeaient, risquant galamment sa vie pour le trône, méprisant l'argent autant que le danger, et n'ayant qu'un but : être empereur. Bref, c'était un prétendant parfait : en

1848, les partis monarchiques auraient été heureux d'en avoir un de la même étoffe, jouant son rôle de prince avec autant de courage que de conviction.

Il savait en outre — ce qui est énorme — faire passer cette conviction dans l'âme des autres.

Dans le dossier d'un officier nommé Pleigné qui avait servi au 46e de ligne et avait concouru à l'arrestation du prince lors de l'échauffourée de Strasbourg, il existe un rapport au roi Louis-Philippe où cet officier, empruntant les procédés de Balzac, lorsqu'il met en scène le baron de Nucingen, fait dire à Louis-Napoléon cette phrase :

« *Fous êtes técoré de Chuillet ; fous tefezêtre un prafe, che fous técore.* »

Cette phrase, le prince Napoléon avait pu et dû la prononcer de cette façon. Même en 1848, il avait encore un peu d'accent allemand mâtiné d'anglais, et il parlait très lentement afin de le vaincre. Malgré cela, il séduisait hommes et femmes : il ne lui fallait pas plus d'une demi-heure pour retourner les plus récalcitrants. C'était un grand charmeur, et malgré son trop évident mépris pour l'humanité, il se donnait la peine de charmer. Son physique n'avait rien de napoléonien, mais à cheval, en uniforme, devant la troupe, il prenait l'allure rayonnante d'un souverain. Enfin, bien qu'il ne se soit jamais habillé avec un grand goût — ses chambellans se rappellent encore ses pantalons jaunes et ses gilets en peluche — il s'était donné une certaine grâce tout à fait avenante ; et je ne sais plus quel grand seigneur étranger, qui l'avait connu jeune homme, le retrouvant sur le trône, disait de lui :

« C'est bien un César par destination. »

Strasbourg, dont je parlais tout à l'heure, fut une entreprise très sérieuse, il est vrai légèrement menée, mais que quelques hommes considérables, dévoués à Louis-Philippe — notamment M. Gisquet dans ses *Mémoires* — considèrent comme la plus redoutable qui ait été dirigée contre la monarchie de Juillet. Sans le lieutenant-colonel, depuis général Talandier, du 46ᵉ de ligne, tous les artilleurs du colonel Vaudrey et tous les pontonniers suivaient le prince, et l'on ne sait jamais ce qui peut sortir d'une sédition militaire ayant un nom à sa tête et faisant la boule de neige. Tout ce qui est relatif à Strasbourg a d'ailleurs été soigneusement enfoui dans le plus profond oubli par le gouvernement de Juillet, qui eut l'esprit de ne compromettre personne (1). Mais lorsque l'on réfléchit au retour des Cendres, à l'élection du 10 Décembre 1848, il est permis de dire que le lieutenant-colonel Talandier a sauvé la couronne du roi Louis-Philippe.

Boulogne, au contraire, fut un guet-apens grossier tendu par M. Thiers à l'héritier de l'empereur, qui se laissa prendre à la pipée comme un moineau franc. Un mystère plane encore dans le public sur cette affaire, et le nom du frère Raca, qui amena le prince juste à l'endroit où il devait être facilement cueilli, n'a pas encore été livré à la publicité, bien que beaucoup de gens le connaissent.

Mais Boulogne et Strasbourg avaient fait au prince une brillante clientèle.

(1) Quelque temps après l'affaire de Strasbourg, le colonel Talandier commandant le 18ᵉ de ligne, causant avec le duc d'Orléans au camp de Fontainebleau, s'étonnait de la grande indulgence dont on avait usé avec les officiers ayant participé au complot, le prince royal lui répondit :

« Il y aurait eu trop à punir. »

Le fils du général Talandier, retraité comme chef de bataillon à Limoges, de qui je tiens ce détail, ajoutait à propos de la Révolution de Février :

« Mon père commandait la 4ᵉ brigade qui était à l'École militaire. Lorsque le départ du roi fut connu, le général Talandier fit venir chez lui les sept chefs de corps qui occupaient l'École, leur proposa de réunir cette petite armée, d'aller prendre position sur les hauteurs de Passy, adossés à la manutention de Chaillot ; il y avait trois régiments d'infanterie et trois de cavalerie, tout un parc d'artillerie. Tous les chefs, sauf un, refusèrent. »

Il est certain que personne ne voulait se compromettre pour une monarchie qui ne se défendait pas.

Tous les fonctionnaires militaires ou civils ayant concouru à l'arrêter ou à le garder sont restés ses amis et ses dévoués. Plusieurs acteurs — et des plus audacieux — du coup d'État l'avaient connu dans la citadelle de Ham, car s'il savait se faire des amis, il avait aussi une excellente mémoire, surtout lorsqu'il s'agissait de trouver l'homme dont il avait besoin.

C'est grâce également à ces relations nombreuses ébauchées pendant la détention de Ham avec beaucoup de personnages secondaires, qu'on put organiser solidement la célèbre Société du 10 Décembre, dont l'existence est cependant antérieure à cette date. Pour favoriser la quadruple élection de Louis-Napoléon à la députation, un comité avait été créé au mois d'avril par un écrivain distingué, M. Tremblaire, sous la direction du général Piat, avec le concours de MM. Persigny, Pataille, Hyrvoix, Laloue, etc. Lors de l'élection présidentielle, il continua son œuvre ; mais, en novembre, vint s'adjoindre à lui un autre comité formé, 10, boulevard Montmartre. Ce comité central bonapartiste, fort habilement conduit par des hommes actifs, rendit de vrais services au prince. MM. Patorni, de Brignola, de Lempérière, Martin Bruère, A. Legalois, etc., etc., provoquaient des réunions publiques, fomentaient le zèle, l'agitation, les souscriptions ; même, quelques jours avant l'élection, ces messieurs firent un coup de maître. Supposant, vraisemblablement à tort, que le général Cavaignac voulait faire arrêter le prince Louis, ils organisèrent une garde qui devait, jour et nuit, veiller aux abords de l'hôtel du Rhin.

Les journaux du temps publièrent les noms et les adresses des miliciens de cette nouvelle garde impériale qui, fusionnée avec le comité Piat, fut le noyau de la Société du 10 Décembre que les républicains flétrissaient du nom, assez bien trouvé, de *Ratapoils*.

Il est urgent de dire que les actes du ministère excusaient toutes ces excentricités, leur enlevaient toute culpabilité et même les provoquaient dans une certaine mesure. Ainsi pour gagner les catholiques, peu favorables à l'idée républicaine, on avait embarqué avec fracas la brigade Mollière à destination de Rome, puis on l'avait débarquée sans bruit. Puis, le soir d'une interpellation contre le général, le spirituel vaudevilliste, Étienne Arago, directeur des postes, avait imaginé de retarder de six ou sept heures le départ des courriers, afin qu'ils apportassent à la province le contre-poison, c'est-à-dire la réponse du général, en même temps que le poison.

C'était mener une élection comme on a mené depuis certaines affaires industrielles. Tout cela tourna naturellement au profit de l'agitation bonapartiste. Voici les résultats exacts du scrutin du 10 décembre, d'après le *Bulletin des lois*. Les chiffres y sont absolument complets.

Votants	7.426.232
Louis-Napoléon	5.534.520
Le général Cavaignac	1.448.302
Ledru-Rollin	371.431
Raspail	36.994
Lamartine	17.914
Changarnier	4.687
Voix perdues	12.434
Voix inconstitutionnelles	23.219

Ces dernières avaient presque toutes été données au prince de Joinville.

En étudiant ce résultat, le prince put faire quelques remarques pratiques — elles ont été replacées en 1870 sous ses yeux, par un ami dévoué, lors du plébiscite. Il avait, grâce à l'impossibilité où se trouvaient les partis monarchistes de voter pour des candidats à eux, bénéficié de toutes les voix conservatrices, plus ou moins napoléoniennes, mais toutes opposées à la République qui représente — grâce à l'ineptie des républicains — le désordre en tout. Par contre, son adversaire, très fort puisqu'il tenait les urnes, n'avait réuni que les trois quarts des suffrages de son parti. Le devoir du nouveau président semblait donc tout indiqué. Gouverner contre les républicains en faveur des conservateurs ; mais son serment à la Constitution le mettait absolument en désaccord avec ses électeurs.

A ce sujet, on a raconté que le prince, avant son élection, au moment de lancer son manifeste au peuple français, l'avait lu à MM. Thiers, Molé, Berryer et autres gros bonnets conservateurs, puis s'était soustrait poliment à leurs critiques. Dans cette réunion — dont nous aurons plus tard à raconter d'autres exemples, le prince aimant beaucoup les réunions de ce genre — chacun, on ne l'a point dit, voulait confisquer le prince à son profit et apportait son modèle de proclamation. Elles furent toutes remises au futur président qui, les repoussant, tira de sa poche un projet préparé à l'avance. Il avait bien voulu se servir des chefs de la réaction, mais il entendait ne pas suivre leurs conseils.

La proclamation de la présidence eut lieu le 20 décembre, à l'Assemblée. Quelques maladroits amis du général Cavaignac essayèrent de l'entraver. Ils prétendaient que le prince n'avait pas joui d'une façon continue de sa qualité de Français. Les formalistes ne tenaient pas compte du chiffre de 5,534,520 voix — chiffre que déjà les fanatiques et les superstitieux faisaient voir écrits à l'envers et qui formait, plus ou moins lisiblement, le mot empereur. La Commission passa outre et fit bien. On sait la mauvaise grâce du général Cavaignac devant les avances de son successeur après la prestation du serment. Les amis du général prétendirent qu'il avait déjà deviné que ce serment ne serait pas tenu. Ce n'était pas difficile, puisqu'il n'était pas tenable; mais à la façon dont le général avait laissé diriger, sous ses ordres et sous ses yeux, la campagne de la présidence par son ministère, on peut affirmer qu'il aurait, le cas échéant, mené aussi lestement une campagne de revision. De plus, en juin, il n'avait pas montré trop de difficulté pour succéder aux cinq commissaires exécutifs dont il était le ministre.

Ce qui est vrai, c'est qu'en politique, comme en amour, on ne viole que les serments que l'on prête. Heureux ceux qui n'en prêtent pas, mais ils ne doivent pas en tirer vanité.

Si le prince était sorti vainqueur de l'urne

plébiscitaire, c'est qu'il se nommait Napoléon.

Si le général avait été si facilement vaincu, c'est que sa raideur désagréable, son personnalisme outrecuidant, ses mœurs de commandant de bureau arabe avaient déplu à la France. Raide il avait été au pouvoir; raide il en était descendu.

CHAPITRE II

L'Élysée le 20 décembre. — Le cabinet temporisateur. — Les traîtres de Boulogne. — Dislocation partielle du cabinet. — MM. Thiers, Victor Hugo et Girardin quittent le parti napoléonien. — M. Odilon Barrot. — Le 29 janvier. — Les premiers cris de « Vive l'Empereur! » — Dissolution partielle de la garde mobile. — L'aigrette et le plumet. — Le prince ne veut pas encore un coup d'État. — La famille ! — Lettre du prince Louis au prince de la Montagne.

L'Assemblée constituante ayant proclamé le président, il dut s'installer tout seul. En s'en allant, le général Cavaignac et ses ministres n'avaient point songé que s'ils cessaient de gouverner la France, la France, elle, continuait à vivre. S'ils avaient pourvu au dernier emploi vacant, s'ils avaient dépensé en faveur de leurs créatures jusqu'au dernier sou des fonds secrets et des crédits disponibles, ils avaient oublié d'investir le nouveau gouvernement. A peine s'ils avaient pensé à la cérémonie extérieure de la translation des pouvoirs; quelques régiments avaient été massés entre le Palais-Bourbon et l'Élysée pour rendre les honneurs au nouvel élu — ou pour le coffrer, disaient avec regret quelques montagnards sceptiques. Et lorsque le cortège présidentiel, le prince et ses futurs ministres arrivèrent à l'Élysée, il n'y avait ni appartement préparé, ni feu, ni table, ni papier, ni encre. Le régisseur se multiplia, improvisa au premier étage un semblant de salle de conseil, et le prince, après la séance, s'en alla coucher à l'hôtel du Rhin (1).

(1) Il n'y a pas dans l'histoire de faits négligeables. Il est donc utile pour mesurer la route que le prince Louis avait parcourue du 24 février au 10 décembre 1848, de rappeler la curieuse dépêche télégraphique que Lamartine fit afficher par toute la France, dix jours avant les événements de Juin :

« Paris, 12 juin 1848, 1 heure du soir.

» *Le Ministre de l'intérieur aux préfets et sous-préfets,*

» Par ordre de la Commission du pouvoir exécutif, faites arrêter *Charles-Louis Napoléon Bonaparte*, s'il est signalé dans votre département. Transmettez partout les ordres nécessaires.

» SIGNALEMENT :

» Agé de 40 ans, taille d'un mètre soixante-six centimètres, cheveux et sourcils châtains, yeux petits et gris, nez grand, bouche moyenne, lèvres épaisses, barbe brune, moustaches blondes, menton pointu, visage ovale, teint pâle. Marques particulières : tête enfoncée dans les épaules, épaules larges, dos voûté. »

A force de haine, l'employé zélé chargé de rédiger ce portrait, avait rendu l'arrestation impossible si le prince s'était présenté en France. La légende bonapartiste fixe son arrivée à Paris au 30 juin 1848. Comme il y avait encore des barricades dans les rues qui entouraient la gare du Nord, il dut se rendre à pied chez l'ami qui lui offrait l'hospitalité. On défaisait alors les

Le voilà donc chef de la nation française, le battu de Strasbourg, le demi-noyé de Boulogne, le prisonnier de Ham, Badinguet, comme on l'appelait déjà. En huit mois, tout lui était arrivé : il était l'élu de plus de cinq millions de Français ; le pavois des chefs de dynastie s'était abaissé pour lui : ce n'était pas un César, favori des légions, pas davantage l'oint du Seigneur ; il était l'élu du peuple. Désormais tout lui était possible, et si ses 5,534,520 électeurs ne l'avaient pas tous choisi pour qu'il se fît empereur, de par le succès de son élection, aucun certainement ne l'eût trouvé ni extraordinaire, ni mauvais.

La composition de son premier cabinet témoigna cependant de sa part le désir de ne froisser ni le libéralisme modéré, ni surtout l'opinion qui avait prédominé dans la campagne des banquets de 1847. Il voulut avoir l'air de reprendre la politique au matin du 24 Février. MM. Odilon Barrot, Drouin de Lhuys, Léon de Malleville, le général Rulhières, de Tracy, de Falloux, Bixio, Hippolyte Passy et Léon Faucher — sauf peut-être M. de Falloux — auraient pu tenir aussi

---

barricades pour rouvrir la circulation, une grosse femme lui dit :

— Allons, jeune homme, remettez un pavé en place.

« Je ne suis venu à Paris que pour cela, » répliqua le futur empereur en s'exécutant de bonne grâce.

bien leur place dans un cabinet orléaniste avancé que dans un cabinet républicain conservateur.

Cette concession, habilement temporisatrice, n'engageait pas l'avenir et maintenait provisoirement dans la ligne constitutionnelle les pressés et les ardents de son entourage.

Mais la nomination du maréchal Bugeaud au commandement de l'armée des Alpes et celle du général Changarnier à l'armée de Paris, avec des pouvoirs étendus, devaient être interprétées dans un sens opposé.

En effet, à dater de son élection, le prince Louis-Napoléon aura désormais deux politiques : une pour l'armée, tout à fait personnelle ; une autre pour la nation qui cherchera successivement dans tous les partis des auxiliaires et des collaborateurs.

On remarqua également que le nouveau préfet de police, le général Rébillot, avait autrefois, comme officier supérieur de la gendarmerie, rempli la mission d'amener en postes le prince Louis à Paris, après Boulogne. Cette tentative de Boulogne, je l'ai déjà dit, était entourée de faits douteux qui avaient dû laisser dans l'esprit du nouveau président des préoccupations sérieuses. Une lettre du comte de Saint-Leu — l'ex-roi Louis — son père, adressée le 24 août 1840, au rédacteur en chef du journal *le Commerce*, est très explicite (1). Elle affirme le piège, fait pressentir la trahison, et l'ex-roi conclut que son fils ne peut être condamné pour un acte qui a été suggéré par de vils flatteurs, de faux

---

(1) Lettre du comte de Saint-Leu, Louis-Napoléon Bonaparte, ancien roi de Hollande, à M. le rédacteur du *Commerce :*

« Monsieur,

» Permettez que je vous prie de recevoir la déclaration suivante : Je sais que c'est un singulier moyen et peu convenable que celui de recourir à la publicité ; mais quand un père affligé, vieux, malade, légalement expatrié, ne peut venir autrement au secours de son fils malheureux, un semblable moyen ne peut qu'être approuvé par tous ceux qui portent un cœur de père.

» Convaincu que mon fils, le seul qui me reste, est victime d'une infâme intrigue, et séduit par de vils flatteurs, de faux amis, et peut-être par des conseils insidieux, je ne saurais garder le silence sans manquer à mon devoir et m'exposer aux plus amers regrets.

» Je déclare donc que mon fils Napoléon-Louis est tombé pour la troisième fois dans un piège épouvantable, un infâme guet-apens, puisqu'il est impossible qu'un homme qui n'est pas dépourvu de moyens et de bon sens se soit jeté de gaieté de cœur dans un tel précipice. S'il est coupable, les plus coupables sont ceux qui l'ont séduit et égaré.

» Je déclare surtout avec une sainte horreur que l'injure que l'on a faite à mon fils en l'enfermant dans la chambre d'un infâme assassin, est une cruauté monstrueuse, anti-française, un outrage aussi vil qu'insidieux.

» Comme père profondément affligé, comme bon Français, éprouvé par trente ans d'exil, comme frère et, si j'ose le dire, élève de celui dont on redresse les statues, je recommande mon fils égaré et séduit à ses juges, et à tous ceux qui portent un cœur français et de père.

» Votre abonné,
» Louis de Saint-Leu.

» Florence, ce 24 août 1840. »

amis et peut-être — au moyen de conseils insidieux.

Dès son arrivée au pouvoir, le prince voulut en avoir le cœur net, et demanda à son ministre de l'Intérieur d'envoyer à l'Élysée le dossier de cette affaire. Sans aucun doute, il se faisait des illusions sur les révélations qu'il pouvait contenir. D'ailleurs, les pièces qui le composaient étaient dispersées. Il y en avait à la chancellerie de l'ex-Chambre des pairs, au ministère de la justice, au ministère de la guerre, et le dossier du ministère de l'intérieur n'avait pas dû recevoir ce que recherchait l'ex-prisonnier de Ham.

M. Léon de Maleville, très galant homme et très attaché à ses devoirs parlementaires, refusa net la communication qui lui était demandée et se retira.

Un moment, on crut que la démission de M. de Maleville allait entraîner celle du ministère tout entier; elle fut même donnée. Mais M. Odilon Barrot n'avait pas plus envie d'abandonner le tardif portefeuille qu'il avait rêvé toute sa vie que le prince de le lui enlever. L'affaire s'arrangea donc, mais M. Léon de Maleville tint bon et fut remplacé par M. Léon Faucher, et M. Bixio — à qui ses amis républicains reprochaient sa présence dans les conseils de Louis-Napoléon — saisit cette occasion de suivre M. Léon de Maleville dans sa retraite.

Cependant le prince apprit sûrement ce qu'il voulait savoir ; il eut d'abord la preuve certaine que M. Thiers l'avait fait amener à Boulogne pour l'y surprendre comme un lycéen en bordée ; peut-être dut-il subir quelques désillusions sur la fidélité de plusieurs de ses anciens camarades, mais il eut le bon goût de n'en laisser rien paraître. Une fois sa curiosité satisfaite, il oublia. D'ailleurs, le principal coupable s'était rendu justice en disparaissant subitement de l'Élysée. Quant à ses complices subalternes, ils ne valaient sans doute pas la peine d'une rupture éclatante. Quoi qu'il en soit, M. Thiers, dans lequel le prince n'avait déjà pas une confiance illimitée, fut peu à peu éconduit. M. Thiers, n'ayant jamais été tenace que pour lui-même, s'en consola vite ; il ne voulait du prince que sa succession, et comme celui-ci ne voulait plus être sa dupe, il comprit qu'il valait mieux être son ennemi, c'est à quoi il se résolut, mais il ne brusqua pas la rupture.

On vit, du reste, s'éloigner un à un les collaborateurs bénévoles du 10 Décembre. Tous ces fins politiques avaient espéré se servir du prince pour rire, et ils avaient rencontré un prince véritable. Leurs ruses s'étaient émoussées devant sa froide volonté; ils voyaient qu'il n'y avait rien à faire avec lui.

L'un des premiers qui se détacha fut M. Victor Hugo. Le poète immense dont le génie colossal illumine comme une aurore notre renaissance littéraire était déjà un tout petit garçon en politique. A cette époque, l'exil ne lui avait pas fait une figure inattaquable, une tête de bronze; c'était encore pour bien des gens l'ex-chantre de la Restauration et de la Colonne, l'ex-ami du duc d'Orléans, l'ex-pair de Louis-Philippe. De plus, la chronique se plaisait à raconter sur son compte une foule d'histoires compromettantes. En montant dans la diligence du prétendant, il avait probablement espéré, qu'au milieu d'un bouleversement d'hommes et de choses, il dépouillerait aisément sa fâcheuse réputation. Et puis, Lamartine, le poète Lamartine, n'avait-il pas été ministre des affaires étrangères comme Chateaubriand ?

Victor Hugo avait, paraît-il, jeté son dévolu — du moins on le disait alors — sur le portefeuille des relations extérieures. Lui offrit-on ou ne lui offrit-on pas en compensation le portefeuille de l'instruction publique ? je crois plutôt qu'on ne lui offrit rien du tout. Toujours est-il qu'il désapprit le chemin de l'Élysée, et que l'*Événement* — depuis *Avènement* — journal de ses fils et de MM. Vacquerie et Meurice — n'appela plus le neveu de Napoléon que Napoléon le Petit. Après avoir poussé frénétiquement à son élection, il demandait sa mise en accusation.

M. de Girardin fut plus logique, plus franc et plus courtois dans sa défection. Il ne demanda rien. Il ne s'était d'ailleurs mis du côté du prince que pour faire pièce au général Cavaignac qui l'avait incarcéré en Juin et lui avait donné la peur d'une exécution sommaire. Je lui ai entendu raconter sur cela une anecdote fort curieuse.

Incarcéré, mis brutalement au secret en Juin 1848, il n'avait ni linge ni habit de rechange. Il en fit demander. Mme Delphine de Girardin — la première — se méprenant sur le sens de sa missive, fit parvenir à son mari un habillement de soirée — sans doute pour qu'il tombât avec dignité — et une lettre dans laquelle elle lui adressait un suprême adieu. M. de Girardin — qui ne savait pas ce qui se passait au dehors — crut pendant quelques heures à sa mort prochaine. Il ne l'a jamais pardonné au général Cavaignac.

Le soir du 20 décembre, il disait à la princesse Mathilde : « Le président n'a qu'à trouver le moyen de se débarrasser de moi, car je n'ai, moi, qu'à chercher à le renverser, et je ne m'en ferai pas faute. »

Les premiers jours de la présidence se passèrent donc dans la désillusion pour ceux qui avaient cru à l'Empire sans phrases. Au contraire, les adversaires du prince se rassurèrent. Avec sa demi-fermeté, le ministère Odilon Barrot leur laissait la carrière libre.

M. Odilon Barrot était avant tout le type du bourgeois arrivé. Avocat, et avocat sans grand éclat, il n'était point doublé d'un homme pratique. Ce n'était ni un Laffitte, ni un Casimir Perier, ni un Rouher, ni un Magne, c'était tout uniment un Ledru-Rollin réactionnaire. Il croyait sincèrement à la toute-puissance de la parole, à la souveraineté des Chambres et voyait l'opinion publique dans celle de ses amis. Bien que la Révolution de Février lui eût démontré qu'une Chambre ne pesait pas plus lourd qu'un roi devant une émeute triomphante, il s'entêtait à croire qu'on pouvait gouverner la France avec le Parlement. Or, le Parlement d'alors ne lui était pas favorable — non point que M. Odilon Barrot déplût aux premiers élus du suffrage universel — mais il était le premier ministre de l'élu du 10 Décembre, élu aussi par le suffrage universel, alors que l'Assemblée constituante, tout en repoussant l'amendement Grévy, avait espéré par l'article 47 reprendre le droit de choisir le premier magistrat du pays. Le chef du cabinet mit donc, en tête de son programme politique, la dissolution de l'Assemblée et les élections générales.

Le prince, lui, n'y tenait pas énormément. Au fur et à mesure, en effet, que la Constituante aurait vieilli, elle se serait amoindrie aux yeux du pays. L'élection du 10 décembre, avec l'ancienne Assemblée durant encore une année, était le prologue direct de l'Empire.

Mais M. Odilon Barrot ne voulait pas plus de la restauration de l'Empire que de la prolongation de la Constituante. L'Empire lui barrait le chemin de la présidence que Sa Bourgeoisie commençait à entrevoir, et la Constituante troublait son pouvoir de premier ministre. Par contre, si l'on eût écouté les constituants, ils auraient été éternels. Constituants, ne devaient-ils pas tout constituer et après la Constitution rédiger les lois organiques ou constitutionnelles ?

Ce fut un duel des plus grotesques que celui de ces pauvres représentants se cramponnant à leur mandat, se battant contre la raison, la logique, le bien de la France pour prolonger de quelques jours leur existence médiocre et surtout inutile.

Mais avant d'arriver à leur dissolution tant désirée, je dois raconter quelques épisodes assez curieux, qui marquent les troubles du temps.

La garde mobile — en se battant en Juin pour les bourgeois — avait mérité des faubourgs le surnom de *Bouchers de Cavaignac* — et du pays une reconnaissance durable. Cependant, elle ne pouvait être conservée à côté de l'armée et de la garde nationale. Décrétée, par mesure de salut public, pour une année, elle arrivait au terme de son existence légale. Toutefois, comme il était dangereux de remettre d'un seul coup sur le pavé de Paris 24,000 jeunes hommes aguerris et turbulents, il fut décidé qu'elle serait réduite d'abord, puis envoyée dans les départements. Cette décision déplut autant aux officiers conservés qu'aux officiers congédiés. L'un des vingt-quatre chefs de bataillon, Aladenize (1), le même qui, lieutenant au 42e, s'était compromis à Boulogne pour le prince, se mit à la tête des réclamants et entraîna

---

(1) M. Aladenize, officier des récompenses nationales en 1830, avait été condamné à la déportation le 6 octobre 1840.

derrière lui les commandants Arrighi, Duseigneur, Camusat, Bassac. Cela donna à l'émotion qui s'ensuivit un petit parfum bonapartiste ; mais, d'un autre côté, on avait des raisons de penser que la masse de la garde mobile allait donner la main aux clubistes et aux membres de la *solidarité républicaine*. Le général Changarnier, toujours en haleine, recherchait une occasion de montrer son armée au président, au ministère, à l'Assemblée, aux rouges et aux conservateurs, et de se poser en Jupiter tonnant. Il avait alors soixante mille hommes d'excellentes troupes sous la main, à Paris et dans les environs. Sans en avertir ni le ministre de la guerre, ni le président de l'Assemblée, ne prenant conseil que de lui-même, il mit tout son monde sur pied, garda militairement les abords du Palais-Bourbon, et fit battre le rappel des mauvais jours pour convoquer les légions de la garde nationale.

Les gens inoffensifs crurent Paris à feu et à sang ; les rues étaient pleines de troupes qui patrouillaient et de badauds qui les regardaient. Ce beau coup fait, le général en chef convia le président de la République à passer en revue plusieurs régiments mis en bataille sur la place de la Concorde. C'était la première fois, le 29 janvier, que la troupe voyait le prince en tenue d'officier général de la garde nationale, le grand cordon de la Légion d'honneur sur la poitrine, aigrette et panache au chapeau, caracolant brillamment sur un magnifique pur sang. Elle comprit tout de suite qu'il était son homme, et les cris de « Vive l'empereur ! » furent si vifs que le cabinet, réuni au ministère de la marine, fit dire au président que, si cela continuait, il allait en bloc donner sa démission.

Le prince rentra à l'Élysée, et Changarnier, content de son effet, renvoya les régiments dans leurs casernes. Dans une lettre ironique, il se moqua du président Marrast, dont il avait voulu, dit-il, respecter le sommeil en ne le réveillant pas pour lui demander l'autorisation de faire garder l'Assemblée ; il répondit fièrement au général Rulhières, ministre de la guerre, que la sécurité de la capitale était placée sous la responsabilité du commandant en chef de l'armée de Paris, et que, tant qu'il serait investi de cette fonction, on ne lèverait pas un pavé. Le pauvre ministre de la guerre, abandonné de ses auxiliaires naturels, dut se contenter de cette explication, car Odilon Barrot avait très peur de l'émeute, et Marrast sentait son règne fini. Quant au président de la République, il parut absolument indifférent au conflit; il était sorti de chez lui pour se faire et s'entendre crier : « Vive l'empereur! » Il était rentré parce que ces cris offusquaient les ministres. Il était satisfait; il avait été correct ; et de plus il savait à quoi s'en tenir sur l'esprit des troupes.

La garde mobile, elle, se soumit d'ailleurs facilement; on lui enleva la garde du fort de la Briche et de la Demi-Couronne du Nord; plusieurs officiers qui avaient voulu pérorer un peu haut devant le général en chef — et avaient essayé entre temps, pour se faire la main, d'arrêter le préfet de police — allèrent cuver leur colère à l'Abbaye.

Quelques arrestations importantes eurent lieu : notamment celle de M. Forestier, colonel de la 6º légion de la garde nationale.

Sans la sagesse de MM. Vignerte et Mathieu de la Drôme, qui arrêtèrent les Montagnards prêts à se constituer en Convention dans leur local de la rue des Bons-Enfants, il y aurait eu une journée; mais, de fait, il n'y eut rien.

Il est certain que, le 20 décembre, Louis-Napoléon, même après son serment, aurait pu signer son premier décret : Napoléon, Empereur; il est aussi vraisemblable, que le 29 janvier, le général Changarnier se serait prêté à la proclamation de l'Empire. Mais le prince ne voulait déjà plus d'un pouvoir élevé sur une émeute ou un escamotage ; il voulait plus et mieux ; il détenait le pouvoir légalement, il voulait le conserver légalement.

Dès ce jour, cependant, le mot coup d'État sera dans la bouche de tous ses adversaires, tandis que le projet germera dans la tête de ses amis ; mais lui restera calme, froid, impénétrable, modifiant ses desseins selon les événements et déjouant tous les pièges qui lui seront tendus.

Dans ses Mémoires, M. Véron a prétendu qu'il y eut dès ce moment des pourparlers entre MM. Thiers, Changarnier et de Morny pour enlever l'affaire et mettre sous clef les généraux africains de l'Assemblée. MM. Thiers et Changarnier nièrent énergiquement. Je crois qu'ils eurent raison de nier, mais ils n'avaient pas besoin de le faire. M. Thiers n'a jamais voulu l'Empire et Changarnier ne l'a voulu que très peu de temps. Quant à M. de Morny, il n'est entré que plus tard dans les projets de coup d'État. M. Thiers a toujours trop convoité la présidence pour s'être associé de loin ou de près à un tel dessein, à moins que ce ne fût, comme c'était assez dans ses habitudes, pour le trahir ; d'ailleurs le prince Louis ne se serait jamais fié à lui.

Le bavardage du docteur Véron doit avoir trait à l'une de ces conversations si fréquentes alors, où l'on devisait sur des éventualités probables, et qui intéressaient plus particulièrement que tous autres les trois augures que je viens de nommer.

Le lendemain de son élévation, le prince n'avait pas voulu se soumettre aux conseils de M. Thiers et endosser l'habit tomate à broderies d'or des consuls de l'an VIII. Il avait, au contraire, pris l'uniforme de général en chef de la garde nationale, avec chapeau à panache tricolore et aigrette en plumes de héron, comme le portait Changarnier. Cet uniforme lui avait permis de se former une maison militaire, composée de quelques brillants officiers, élégants, viveurs, bien vus de leurs camarades, auxquels vinrent se joindre, sous l'uniforme de l'état-major de la garde civique, les vieux amis de Boulogne et de Strasbourg. Cet uniforme, cette maison militaire et le grand cordon furent l'objet de critiques tellement sérieuses et acerbes que les journaux favorables à l'Élysée durent expliquer, la Constitution à la main, le droit du prince de les avoir. L'article 50 lui refusait, il est vrai, le droit de commander les troupes en personne, mais lui accordait celui d'en disposer; en outre, l'article 64 lui imposait l'obligation de présider les solennités nationales. Pour disposer de la troupe et présider les solennités nationales, il faut un costume ; ce costume ou uniforme ne peut être celui de l'armée, puisque le président ne la commande pas ; donc ce doit être celui de la garde nationale qui est porté par tous les citoyens.

Quant au grand cordon de la Légion d'honneur, s'il l'avait trouvé dans son berceau, grâce aux Constitutions de l'Empire, il était en outre — on l'a vu depuis pour MM. Thiers et Grévy — l'accessoire obligé de sa situation gouvernementale.

On discute encore aujourd'hui et aussi sérieusement des points constitutionnels beaucoup moins importants. Et, en effet, si le prince n'avait eu devant la troupe que la majesté de M. Thiers ou celle de M. Grévy, déjà nommés, il est douteux qu'il eût été suivi par l'armée au coup d'État.

L'envie n'avait pas manqué au prince de prendre l'habit de l'armée, mais le maréchal Bugeaud lui avait fait pressentir les dangers de cette rapide transformation, qui pouvait blesser l'état-major au lieu de le flatter. Il ne faut pas se dissimuler, qu'au début, les grosses épaulettes regrettèrent amèrement le général Cavaignac. Pour elles, le prince n'était qu'un pékin et quel pékin ! Car tout n'est pas facile dans le rôle de prétendant.

M. Odilon Barrot — il l'a avoué depuis — s'était grossièrement trompé sur les aptitudes et le caractère de Louis-Napoléon. Revenu bien vite de son erreur, et voulant l'annihiler dans les élections générales, il donna pour consigne à ses préfets : « Pas d'amis du prince sur les listes de candidatures, mais des feudataires de la rue de Poitiers ou, à leur défaut, des républicains hostiles à la présidence. » C'était humiliant pour Louis-Napoléon, dont les cinq millions de voix étaient un peu maltraitées ; mais le ministère tenait l'administration, et, de même que le prince avait été forcé de subir la dissolution faite surtout contre lui, de même il dut se soumettre à la tactique électorale de son ministère ; mais il saisit la première occasion de faire connaître au pays sa volonté et ses désirs.

L'ex-roi Jérôme, son oncle, avait été nommé gouverneur des Invalides ; c'était une façon convenable de lui assurer une situation, mais cela ne suffisait pas à ses exigences. Mettant toujours en avant sa double qualité de frère de l'empereur et de soldat de Waterloo, l'ex-roi cherchait à conquérir une part d'influence dans les affaires de l'État, et, en même temps, il étalait des besoins d'argent considérables. Ses discussions sur ce sujet avec son neveu tournaient parfois à l'aigre. Un jour, il se serait oublié jusqu'à lui dire :

— Tu n'as rien de ton oncle !

— Si, aurait répondu le futur empereur, j'ai sa famille.

Vraie ou fausse, cette répartie caractérisait les rapports de Louis-Napoléon avec ses parents.

Cependant, il faisait tout ce qu'il pouvait pour cette ingrate famille; le fils de l'ex-roi de Westphalie, représentant du peuple, très particulièrement déclassé et turbulent, reçut l'ambassade d'Espagne. En se rendant à son poste, il s'arrêta à Bordeaux, et dans une réunion assez nombreuse, où parurent quelques hauts bonnets rouges, il leur conseilla de faire voter leurs adhérents contre la présidence. Ce n'eût rien été, ou peu de chose, si le prince Jérôme, déjà désigné sous le sobriquet de *Prince de la Montagne*, avait agi comme simple particulier; mais il était revêtu du titre d'ambassadeur, et il employait l'importance que lui donnait cette fonction pour affaiblir le pouvoir de son cousin. Le président avait été en outre averti de plusieurs côtés, notamment par M. Boissy, pour le département du Cher, que le prince Jérôme cherchait à se pousser de l'avant. Il profita de l'incartade de Bordeaux pour écrire au cousin peu délicat une lettre qui fut insérée au *Moniteur universel* du 10 avril 1849.

Aujourd'hui que certaines prétentions se doublent d'une outrecuidance au moins surprenante de la part d'un personnage qui n'a jamais su suivre une idée, la lettre de celui qui devint Napoléon III mérite qu'on la médite.

Après avoir donné l'exemple de toutes les indisciplines, de toutes les ingratitudes, j'allais dire de toutes les trahisons, on n'essayera pas, je l'espère, de détourner le sens d'un document de cette importance. En voici les passages importants. L'empereur a voulu qu'elle figurât dans ses *OEuvres complètes* comme un témoignage (vol. III, p. 36 et suivantes.)

« Mon cher cousin,

» On prétend qu'à ton passage à Bordeaux tu as tenu un langage propre à jeter la division parmi les personnes les mieux intentionnées. Tu aurais dit « que dominé par les chefs » du mouvement réactionnaire, je ne suivais » pas librement mes inspirations ; qu'impa- » tient du joug, j'étais prêt à le secouer, et

» que, pour me venir en aide, il fallait aux
» élections prochaines envoyer à la Chambre
» des hommes hostiles à mon gouvernement,
» plutôt que des hommes du parti modéré. »

» Une semblable imputation de ta part a le droit de m'étonner... c'était à toi moins qu'à tout autre de blâmer en moi une politique modérée, toi qui désapprouvais mon manifeste, parce qu'il n'avait pas l'entière sanction des chefs du parti modéré. Or, ce manifeste, dont je ne me suis pas écarté, demeure l'expression consciencieuse de mes opinions. Le premier devoir était de rassurer le pays. Eh bien! depuis quatre mois il continue à se rassurer de plus en plus. A chaque jour sa tâche; la sécurité d'abord, ensuite les améliorations.

» ... Par tous ces motifs, je ne saurais approuver ta candidature dans une vingtaine de départements; car, songes-y bien, à l'abri de ton nom, on veut faire arriver à l'Assemblée des candidats hostiles au pouvoir, et décourager les partisans dévoués... »

L'histoire aura bien d'autres légèretés, et peut-être pis que des légèretés, à reprocher à ce prince, chez lequel l'absence complète de sens commun et de sens moral, a déparé les plus belles qualités naturelles.

CHAPITRE III

Résultat des élections générales d'avril 1849. — L'expédition de Rome. — Le 13 juin.

Les élections générales du mois de mai 1849 pour la Législative donnèrent 500 sièges environ aux conservateurs de toutes les nuances modérées et 250 aux républicains formalistes et aux démocrates.

Cette fois encore, la République était battue sur le terrain du suffrage universel, mais pas au profit du président qui avait à peine soixante à quatre-vingts amis dévoués dans la Législative.

Tout autre que le prince Louis-Napoléon se serait découragé devant un pareil résultat. Je n'oserais affirmer qu'il s'en réjouît; mais, avec son sens pratique des affaires, il comprit vite qu'une majorité conservatrice, même hostile à sa personne, était un élément de plus pour le succès de ses projets. Si les républicains revenaient moins nombreux à la Législative, en revanche ils arrivaient avec un programme révolutionnaire impératif tout à fait effrayant. Ce n'étaient point non plus seulement des péroreurs de tribune qui brillaient dans leurs rangs, c'étaient des tacticiens d'émeutes envoyés des départements industriels pour accomplir la révolution sociale, même, s'il le fallait, les armes à la main. Des ouvriers, des sous-officiers inconnus la veille ou des agitateurs illustres dans les sociétés secrètes devaient prendre la tête du mouvement si les orateurs de la Montagne faiblissaient. C'était donc un fort appui pour le gouvernement présidentiel que la presque unanimité des départements agricoles contre les radicaux et les socialistes.

Les témoins de cette époque deviennent de plus en plus rares, et les jeunes gens d'aujourd'hui écrivent trop l'histoire avec leurs sentiments et leurs opinions pour convenir que la démagogie a toujours effrayé la plus nombreuse partie de la France. Cependant, grâce à la terreur qu'inspiraient les rouges à cette époque, — terreur qu'ils inspireraient encore si on leur voyait un centre de ralliement — et malgré la victoire du parti de l'ordre, l'ouverture de la Législative ne se fit pas sous les auspices de la confiance et du calme. L'air était tout chargé d'alarmes ; le cabinet craignait une bataille à courte échéance, et le général Changarnier, malgré sa confiance, prit des précautions minutieuses. Plusieurs régiments, soupçonnés de radicalisme, furent renvoyés de Paris et remplacés par d'autres qui paraissaient plus attachés à la cause de l'ordre; enfin, les corps d'officiers commencèrent à être épurés de la façon la plus sévère, et, souvent je dois l'ajouter, trop rigoureuse.

Les mesures de rigueur et de précaution furent poussées si loin que M. Victor Considérant, dans son journal *la Démocratie pacifique*, annonça au juger qu'il y aurait un coup d'État le 27 mai, lendemain du jour où la Constituante siégea pour la dernière fois et veille de celui de l'inauguration de la Législative. Il en donna les détails avec une précision qui pouvait faire croire à leur exactitude. Ce jour-là, les sections — comme on disait alors — se tinrent en permanence pour résister, et les vieilles barbes veillèrent au palais législatif. Chose singulière, ce furent les personnages ridicules évincés par les élections qui se montrèrent les plus méfiants. M. Etienne Arago, et quelques-uns de ses amis, Clément Thomas et autres, passèrent la nuit dans l'appartement du président de la Chambre que M. Marrast devait quitter le lendemain pour toujours.

Les républicains jouèrent évidemment la

comédie de la peur. Au fond, ils étaient fort rassurés sur les intentions du prince; mais ils l'étaient beaucoup moins sur celles de la majorité parlementaire qui arrivait plus réactionnaire que celle de la dernière Chambre de Louis-Philippe, et qui, n'ayant ni but déterminé, ni chef à mettre en avant, était prête cependant à tout, pour frapper les rouges et pour lier les mains à la présidence. Et puis, le général Changarnier avait le don de les agacer avec son imperturbable sang-froid. On le savait très maître de lui et absolument maître de la situation.

L'occasion se présenta bientôt de rompre ce calme apparent; le général Cavaignac — on s'en souvient — avait laissé en héritage à la présidence, la protection de la papauté. Grâce à un vote de la Constituante, une intervention pacifique avait été commencée dans les États pontificaux. La République, se souvenant que la vieille monarchie française était la fille aînée de l'Église catholique, et pour couper l'herbe sous le pied à l'Espagne, au royaume de Naples et à l'Autriche, s'était immiscée la première dans les affaires de la République romaine. Il existe une lettre du général de Lamoricière ministre de la guerre de Cavaignac, au général Mollière, qui, en novembre 1848, devait prendre le commandement de la brigade expéditionnaire dans les états pontificaux. Cette lettre, vers 1863, avait été apportée au journal l'*Autographe* qui l'avait insérée dans ses colonnes. Je ne sais par quels scrupules la censure de l'Empire en empêcha la publication autographiée. Elle démontrait cependant aux républicains, ennemis de l'occupation des états pontificaux que même avec la République nous l'aurions eue, car le géneral Mollière avait des instructions que lui enjoignaient de s'établir solidement à Civita-Vecchia.

Dans tout autre moment, sous les Bourbons par exemple, cette expédition se fût peut-être imposée à la France. Louis-Philippe, lui, y aurait sans aucun doute regardé à deux fois avant de l'entreprendre. Mais sous un gouvernement démocratique, sous la présidence d'un homme qui avait combattu pour l'indépendance italienne, et qui devait plus tard compromettre la sécurité de la France afin d'aider puissamment à la confection de l'unité de la péninsule italique, c'était ... c'était — disons le mot — une faute généreuse, mais une faute.

Par une extraordinaire absence de logique diplomatique, à l'influence de M. de Corcelles, l'ami du pape, avait été substituée celle de

M. de Lesseps (1), l'ami des triumvirs de Rome. Tout fut étrange dans cette affaire. Le général Oudinot, mal informé, crut entrer dans Rome avec l'agrément de la population. Le gros de son petit corps d'armée se présenta le 20 mai devant une porte qu'on devait lui ouvrir et qui était murée depuis deux siècles; il fut canardé tandis qu'un bataillon, chargé de tourner la position, se laissait faire prisonnier. Ce début décida naturellement du sort et de la tournure de l'expédition. Le drapeau de la France avait été insulté, il devait être vengé.

M. de Lesseps fut rappelé et de nombreux renforts furent envoyés au corps expéditionnaire.

A Paris, les plus ardents radicaux crièrent que la Constitution était violée; que la guerre avait été engagée sans que les représentants du pays l'eussent votée et autorisée; enfin qu'on égorgeait la République romaine. Une levée de boucliers fut décidée par les conclaves et les fameuses sections mises sur pied.

Le premier épisode de l'émeute projetée se

---

(1) C'est le même M. de Lesseps qui, avec la protection de l'empereur Napoléon III, a mis si heureusement à exécution les plans rêvés par Napoléon Ier et les saint-simoniens pour le percement de l'isthme de Suez.

passa à la Législative. Battu par la majorité, comme il devait s'y attendre, M. Ledru-Rollin annonça que le lendemain il descendrait dans la rue. On lui a attribué, pour expliquer son rôle dans cette triste affaire, un mot qu'il n'a jamais prononcé : « J'étais leur chef, je dus les suivre. »

Il a dit, ce qui était plus vrai, et ce qui n'est pas du tout la même chose : « J'étais leur chef, je devais me mettre à leur tête. »

Sous peine de démissionner, un chef de parti est souvent amené à prendre des déterminations qu'il n'approuve pas complètement. Ce que fit M. Ledru-Rollin le 13 juin 1849, tous ses collègues de la gauche le firent avec lui sachant d'avance qu'ils seraient battus et que la population ne les suivrait pas. Le 13 juin fut la conséquence logique des élections de mai ; on ne monte pas impunément des électeurs au diapason de l'action. Il faut donner des gages d'audace aux gens que l'on remue ; du moins c'était l'honneur des républicains de 1848 de mettre leurs actes d'accord avec leurs discours ; et si, depuis 1870, la République a finalement triomphé des partis monarchiques, c'est que les vieux républicains avaient toujours tout risqué, alors que les anciens partis monarchiques s'économisaient avec trop de parcimonie. Aujourd'hui on en est encore depuis le 4 septembre à découvrir une tentative royaliste. Le parti bonapartiste lui au moins — quand il avait un candidat — se remuait, s'agitait, cherchait sa voie.

Les princes et les partis qui attendent la fortune dans leur lit, ankylosent leurs adhérents, endorment leurs chances et meurent dans l'oubli.

Dans la nuit du 12 au 13, qui précéda la manifestation politique et l'envahissement du Conservatoire des arts et métiers, tous les bas-fonds démagogiques furent convoqués, toutes les écoles tâtées, mais inutilement; la journée était perdue avant d'être commencée; et lorsque dans la nuit suivante, la bataille livrée, on voulut essayer de nouveau, personne ne consentit à marcher. Les républicains avancés des faubourgs avaient été écharpés un an avant par les gardes nationaux au nom de la République et transportés par des avocats républicains; que leur importaient les gens de Rome? Ah! si encore on leur avait parlé de pain et de travail, ou bien de faire revenir des pontons leurs frères emprisonnés, cela eût été différent. Mais vouloir soulever les faubourgs de Paris au nom de la liberté romaine, eux qui déjà ne croyaient même plus à la Pologne, c'était insensé.

Changarnier, dont la police était assez bien faite, savait sur le bout du doigt les forces de ses adversaires; il prit ses mesures pour que malgré l'exiguïté de la rébellion, la répression eût de grands dehors, un appareil théâtral et l'éclat d'une victoire militaire du parti de l'ordre sur le parti du désordre.

Les insurgeants lui offrirent eux-mêmes le choix du terrain et l'occasion de *franconiser* à sa guise. Ils devaient se former en colonne sur le boulevard du Temple et marcher pacifiquement, comme le 15 mai 1848, sur l'Assemblée.

A leur tête on voyait des personnages de quatrième ordre, tous les grotesques du parti républicain. Les socialistes s'étaient abstenus sur le conseil éclairé de Proudhon; mais la réaction avait besoin de les rattacher à cette insurrection sans but et sans motif. Quant aux gros bonnets du parti, ils devaient tenter d'opposer une Convention et un gouvernement insurrectionnel au gouvernement établi. Changarnier, suivi du 2ᵉ dragons, d'un bataillon de chasseurs à pied et d'un de gendarmes mobiles, les coupa en deux à la hauteur de la rue de la Paix.

Les Montagnards et les artilleurs de la garde nationale s'étant rendus de leur côté au palais des Arts et Métiers pour procéder à l'établissement d'un gouvernement révolutionnaire y furent pris comme dans une souricière et tout fut dit.

Le prince, entouré d'un brillant état-major, avait mis la journée à profit pour se montrer aux troupes et à la population. Il fut très acclamé sur toute la ligne des boulevards. Comme il rentrait au palais de l'Élysée, il rencontra sur la place Vendôme le général Changarnier qui se joignit à son escorte pour lui faire honneur.

M. Odilon Barrot, dans ses Mémoires, prétend que sur le seuil de sa demeure, le prince, prenant congé du général en chef de l'armée de Paris et de la garde nationale, lui dit d'un ton de reproche :

« Vous m'avez fait passer bien vite devant les Tuileries. »

Au contraire, la légende voudrait que Changarnier — chez qui la modestie n'a jamais été le défaut dominant — aurait abordé le prince par ces mots :

« Aujourd'hui, il me serait aussi facile de faire un empereur que de gober un cornet de pralines. »

Ici la légende est conforme à ce qu'ont répété souvent les amis de Louis-Napoléon, ainsi que les officiers de Changarnier; et ce dernier, dont l'outrecuidance ne connaissait plus de bornes, monta au Capitole, accusa le prince de ne pas savoir saisir les occasions et de n'être qu'un « perroquet mélancolique. »

Les romanciers du parti avancé ont fait une grosse affaire du 13 juin 1849. Dans un livre sur la Révolution de 1848, un écrivain d'un grand style a retracé les moindres détails de cette journée. Il résulte toutefois de son récit, coloré avec amour, que les sectaires manquèrent à l'émeute.

Ce calme apparent de la classe laborieuse cachait pourtant un péril considérable — une discipline habile et une grande obéissance à Proudhon et à son groupe — et le prince avait assez travaillé les questions ouvrières pour démêler très nettement qu'avant peu, il pourrait jouer le rôle de sauveur de la société et que ce rôle lui donnerait l'Empire. En effet, en 1849, les simples soldats du socialisme ne suivirent pas leurs chefs, uniquement parce qu'ils ne voyaient pas quel intérêt on les conviait à défendre.

M. Odilon Barrot ne comprenait rien à tout cela. Il crut vraiment à son importance personnelle. Un événement assez ridicule avait contraint M. Léon Faucher à donner sa démission avant les élections, il avait été remplacé par M. Dufaure. C'était un très mauvais homme que M. Dufaure ; très disposé à la compression brutale, quel que fût le régime existant. Il l'a prouvé en étant successivement ministre de Louis-Philippe, du général Cavaignac, du prince Louis, de M. Thiers et du maréchal de Mac Mahon. Jamais il n'a trouvé de loi assez dure pour ses adversaires. Ce fut lui qui dirigea les représailles contre les auteurs de la journée du 13 juin (1).

Trente-trois députés furent décrétés d'accusation. C'étaient Ledru-Rollin, Considérant, Guinard, Boichot, Rattier, Commissaire, Beyer, Pfliéger, Avril, Martin-Bernard, Kœnig, Rougeot, Menand, Landolphe, Hofer, Kopp, Anstell, James Demontry, Rolland, Cantagrel, Heitzmann, H. Suchet, Maigne, Fargin-Fayolle, Pilhes, Daniel-Lamazière, Boch, Vauthier, Deville, Gambon, Jannot, Louriou et Félix Pyat.

Dix-huit seulement ne purent se soustraire

---

(1) En 1871, M. Dufaure était ministre de la justice de M. Thiers. C'est lui qui demanda que les formalités déjà si rapides des conseils de guerre fussent encore diminuées. Cet avocat avait flétri à la tribune les commissions mixtes de 1851, qui avaient envoyé des citoyens à Cayenne et il toléra pendant huit jours le fonctionnement des cours martiales improvisées. Elles envoyèrent — comme celle du Châtelet qui fut présidée par un ancien caporal d'infanterie, affublé du grade de colonel — dix milliers d'hommes à la mort. Il n'y a rien de tels que les jésuites de robe courte pour bien manier la casuistique et M. Dufaure était un jésuite de robe courte.

par la fuite à une longue détention et au procès devant la haute Cour.

Ainsi, le lendemain de cette échauffourée, la Montagne se trouvait anéantie. Quant au président, il était mal avec son ministère, en froid avec son général en chef et brouillé tout à fait avec la rue de Poitiers. Sa famille le trahissait et ses amis l'accusaient de temporisation.

Cet isolement fit sa force.

Étant donné que la République ne pût pas vivre alors en France — or l'élection présidentielle bonapartiste et les élections générales monarchistes l'avaient prouvé — il n'y avait de solution plus proche et plus possible que le prince Louis-Napoléon. Nous sommes déjà assez éloignés de ce temps — trente-cinq ans — pour que les républicains arrivés aujourd'hui et les monarchistes écartés pour le moment des affaires, confessent qu'en 1849, 1850 et 1851, ils ont commis toutes les fautes imaginables.

Les représailles du 13 juin ; ces trente-trois représentants livrés à la justice par la majorité pèseront lourd, le 17 novembre 1851, dans le vote contre la réquisition directe des questeurs et expliqueront pourquoi M. Michel (de Bourges) préférera voter avec les Élyséens que de mettre sa main dans celle de M. Thiers.

Et le 2 décembre, les ouvriers conviés à descendre dans la rue pour défendre la Constitution, se souviendront qu'en Juin 1848, les républicains formalistes les ont maltraités et déportés pour la plus grande gloire des hommes du *National*.

CHAPITRE IV

Voyages politiques du président. — Les carnets de voyage. — Chartres, Amiens, Angers, Nantes. Saumur, Ham. — Une lettre du prince Louis à Napoléon Ier. — Vers de Théophile Gautier. — La rue de Poitiers. — Les Burgraves. — Chute d'Odilon Barrot. — L'*Assemblée nationale*. — La propagande de la rue de Poitiers.

La faiblesse du prince c'était à la fois d'ignorer la France et d'être ignoré d'elle. Admirablement élevé dans la foi napoléonienne par sa mère, il n'avait encore pour tout bagage politique que cette foi même, ses fautes utiles de Strasbourg et de Boulogne et des théories sociales expliquées dans des brochures, théories sur lesquelles il avait dû rabattre beaucoup le jour où il avait mis le pied à l'Élysée. Il ne s'agissait plus, en effet, d'écrire un essai sur l'extinction du paupérisme, et d'agir par des phrases plus ou moins bien arrondies sur l'esprit des mécontents. Dans une lettre, datée de Gottlieben, le 26 mai 1838, lettre qui a été publiée en Belgique dans un complément des Papiers trouvés aux Tuileries — Louis-Napoléon avait, le lendemain de Strasbourg, fort bien défini sa situation de prétendant ignoré et ignorant, cherchant à se faire connaître de l'armée française par une étude sur l'artillerie (1). « Le nom de Napoléon, y disait-il, mis au bas d'un dessin d'affût, faisait autant d'effet qu'au bas d'une proclamation ; car *Bonaparte*, mêlé à l'artillerie, rappelle Toulon, c'est ce que plusieurs feuilles publiques remarquèrent. » L'homme qui a écrit ces lignes n'est point tout à fait un rêveur et il se décida à le montrer à ceux qui s'étonnaient de son silence.

Le 2 juillet, il partit pour un voyage à travers les départements du Nord-Est.

Ce n'est un secret pour personne que les voyages des souverains et des chefs d'État sont préparés à l'avance et que les moindres incidents heureux en sont prévus s'ils ne sont pas provoqués. Chaque département ministériel fournit à cette occasion les éléments d'un carnet où les services des fonctionnaires,

---

(1). *Papiers secrets brûlés dans l'incendie des Tuileries :* complément de toutes les éditions françaises et belges des papiers et correspondances de la famille impériale. Un vol. in-8º, Bruxelles, J. Rozez, 1871, page 7 à 17. Cette lettre, écrite le 26 mai 1838, peut être considérée comme le catéchisme d'un prétendant.

leurs désirs légitimes, l'avancement pour lequel ils sont proposés sont relatés avec soin. Le fonctionnaire qui entend le chef de l'État lui parler de sa femme, de ses enfants, de son beau-père, des services qu'il a rendus au pays, est tout étonné de tant d'à-propos et de mémoire.

Qu'il le sache, c'est une simple fantasmagorie; le carnet de voyage relu et médité quelques minutes avant dans le compartiment du chemin de fer est le grand initiateur de tous ces détails. Mais le prince était trop mal avec son cabinet pour qu'il lui préparât ces succès faciles. Ce fut avec ses propres ressources, avec des renseignements clandestinement arrachés à des dévouements subalternes que le prince se mit en route. Il comptait beaucoup sur son étoile et il avait raison; partout il fut bien accueilli, partout il eut des paroles heureuses.

A Chartres, le 6 juillet, il rappelle qu'Henri IV y fut sacré et que cette cérémonie mit fin à dix ans de guerre civile: « Eh bien! aujourd'hui, c'est encore à la foi et à la conciliation qu'il faut faire appel; à la foi, qui nous soutient et nous permet de supporter toutes les difficultés du jour; à la conciliation, qui augmente nos forces et nous fait espérer un meilleur avenir. » Dix jours après, le 16, à Amiens, l'allusion est plus facile encore ; on banquette dans la salle où a été signée la paix de 1802 : « La seule idée de paix et l'Empire passera à la postérité sous le nom de la ville d'Amiens. C'est donc à ce souvenir que je reporte une réception vraiment triomphale. » Le président en effet gagnait à être fréquenté ; autant il semblait réservé, concentré, lorsqu'il se croyait aux prises avec des adversaires, autant il se montrait gai, spirituel, abondant quand il se savait avec des amis. Le soin que mettent les républicains et les monarchistes à vouloir prouver qu'ils ont été vaincus par un homme ordinaire et mal doué, m'a toujours surpassé. Alors qu'étaient-ils donc eux pour avoir été si facilement vaincus ? Je tiens l'empereur Napoléon III pour un politique des plus fins et des plus adroits et j'ai pour moi tous ceux qui l'ont approché.

Le 22 juillet, à Angers, succès pareil ; langage conciliateur et modeste ; appel au souvenir du grand homme et péroraison qui doit plaire à tous, même aux vaincus du 13 juin : « Sous tous les régimes, il y aura, je le sais, des oppresseurs et des opprimés, mais tant que je serai président de la République, il n'y aura pas de parti opprimé. »

A Nantes, le 30 juillet, il célèbre les bienfaits qui doivent sortir de la paix sociale et de la paix extérieure; il pronostique l'avenir de cette grande cité. Le lendemain, à Saumur, il associe l'armée, représentée par l'École de cavalerie, à ses vœux pour la population. « C'est à l'armée, à sa discipline, à sa cohésion que la France industrielle doit la paix intérieure et extérieure. » Enfin, le 1ᵉʳ août, grand discours, discours profondément politique, répondant aux accusations de coup d'État dirigées contre ses intentions, aussi bien par les journaux de la rue de Poitiers que par ceux de la démagogie. « Pour faire un 18 Brumaire, il faut que la nation soit opprimée, qu'une classe tout entière soit en émigration et chassée de ses foyers; le 18 Brumaire a donc été tutélaire pour la France, à laquelle il a rendu le calme, mais en ce moment la France n'a pas plus besoin de coup d'État que de révolution brutale. »

La figure politique du prétendant se dégageait calme et sereine au milieu de ses manifestations. L'homme de Strasbourg et de Boulogne disparaissait peu à peu; il le veut et il le dit le 22 juillet à Ham, en répondant au maire:

« Aujourd'hui, qu'élu par la France en

tière, je suis devenu le chef légitime de cette grande nation, je ne saurais me glorifier d'une captivité qui avait pour cause l'attaque contre un gouvernement régulier. Quand on a vu combien les révolutions les plus justes entraînent de maux après elles, on comprend à peine l'audace d'avoir voulu assumer sur soi la terrible responsabilité d'un changement. Je ne me plains pas d'avoir expié ici, par un emprisonnement de six années, ma témérité contre les lois de ma patrie, et c'est avec bonheur que, dans les lieux mêmes où j'ai souffert, je vous propose un toast en l'honneur des hommes qui sont déterminés, malgré leurs convictions, à respecter les institutions de leur pays. »

Plus tard nous le verrons à Boulogne, étant empereur, décorer le gendarme et l'agent de police qui l'avaient arrêté vingt ans auparavant. C'est le comble de l'habileté, diront les sceptiques. Soit, le prince Louis-Napoléon faisait amende honorable uniquement parce qu'il en avait besoin, et il reconnaissait qu'il avait eu tort d'attaquer un gouvernement établi, afin d'avoir le droit de sévir contre ceux qui attaqueraient le sien. Mais alors c'est pour le moins une originalité; aujourd'hui ne voyons-nous pas les républicains restaurer tous les abus qu'ils reprochaient à l'Empire et ne point avouer préalablement qu'ils ont eu tort de les critiquer?

Quoi qu'il en soit, la population approuvait généralement tous ces discours. Le peuple se portait en foule sur son passage, comme en décembre 1841, lorsqu'il s'agissait d'aller saluer le cercueil de Napoléon Ier, ramené de Sainte-Hélène par le prince de Joinville.

Sans faire une trop longue digression sur le retour des cendres, il est permis, lorsqu'on s'occupe des causes de la restauration de l'Empire, de se demander le motif qui guida M. Thiers dans cette affaire qui lui est propre. L'historien du Consulat et de l'Empire préparait-il — comme on l'a dit — une magnifique réclame à son ouvrage, ou bien dans l'impuissance d'improviser des actes gouvernementaux sérieux, commit-il cet acte, antidynastique au premier chef, dans un pur intérêt de popularité ministérielle? Entre la réussite des négociations entreprises sur l'ordre de M. Thiers par M. Guizot, alors ambassadeur à Londres et l'arrivée des cendres, la tentative de Boulogne fomentée par le même M. Thiers, s'était accomplie. Dans cette antithèse entre la capture de l'aigle vivant du prétendant et la glorification du

Dieu des aigles aimés de la victoire, il y a un non-sens politique qui dépeint le brouillonisme particulier à M. Thiers. Dans une lettre adressée de sa prison aux mânes du grand homme par le prisonnier de Ham — et qui fut depuis traduite presque littéralement en fort beaux vers par Théophile Gautier — ce point est bien indiqué.

« Sire, le 15 décembre est un grand jour pour la France et pour moi. Du milieu de votre somptueux cortège, dédaignant certains hommages, vous avez un instant jeté un regard sur ma sombre demeure, et vous souvenant des caresses que vous prodiguiez à mon enfance, vous m'avez dit : *Tu souffres pour moi, je suis content de toi.* »

> Sire, c'est un grand jour que le quinze décembre !
> Votre voix, est-ce un rêve? a parlé dans ma chambre :
> « Toi qui souffres pour moi,
> Ami, de la prison le lent et dur martyre,
> Je quitte mon triomphe et viens pour te dire :
> Je suis content de toi. »

Ce qui est certain, c'est qu'après Strasbourg, le retour des cendres était une faute, et une faute naïve de la part d'un ministre qui allait faire Boulogne et voulait mettre le neveu de l'empereur en prison.

C'était si bien une faute aux yeux de tout le monde, et même à ceux de la postérité, qu'en 1870, lors de l'arrivée aux affaires de M. Ollivier, une des plus sanglantes épigrammes qu'on lança à ce dernier, fut d'annoncer qu'il allait charger le prince Napoléon (Jérôme), son ami, de réclamer aux Anglais les cendres de Louis-Philippe, et de les ramener solennellement à Paris (1).

Toujours est-il que le retour des cendres de Napoléon Ier prouva à l'Univers entier qu'on pouvait encore une fois remuer le peuple français avec le nom de Napoléon, de Napoléon le vaincu, mais toujours l'idole du peuple.

M. Odilon Barrot, malgré sa foi superbe en sa bourgeoise infaillibilité, n'était pas éternel. En cherchant à user le président, il s'était usé lui-même, et si bien usé que sa chute se produisit sans effort, et comme naturellement. Il avait laissé et fait faire à la réaction tant de progrès dans l'Assemblée et dans l'administration centrale, qu'on s'étonnait de voir encore debout, en province, beaucoup de fonctionnaires de Février.

La sous-assemblée parlementaire, sorte de club de Jacobins blancs qui s'était créée rue

(1) Cette épigramme était double si l'on veut bien se souvenir de certain discours du prince Napoléon, d'une brochure du duc d'Aumale, intitulée : *Lettre sur l'Histoire de France* et des circonstances qui suivirent cet échange d'aménités entre les deux altesses.

de Poitiers, poussait avec frénésie à l'épuration des fonctionnaires. C'est la grande maladie de toutes les révolutions et de toutes les évolutions, si fréquentes en France, de vouloir absorber toutes les fonctions d'un coup. Peu importent les services préexistants et les talents des occupants ; ils appartiennent à l'opinion vaincue, ils doivent détaler. Aussi, à l'heure qu'il est, on ne trouve plus pour les fonctions publiques que le rebut des autres carrières. Ce sont les échoués, les ratés de toutes les professions qui — faute de mieux — se résignent à prendre cet état, dont la sécurité n'est garantie que par la solidité toujours précaire des institutions politiques.

Dans l'espèce, les prétentions de la rue de Poitiers, des « Burgraves » — c'était le nom par lequel on désignait alors les représentants affiliés à cette réunion — manquaient souvent de justesse. La République ayant eu fort peu d'adhérents avant Février, le gouvernement provisoire avait été forcé d'accepter et même de quémander les services de libéraux honnêtes dans leurs prétentions, modérés dans leurs opinions et qui lui avaient fourni un fort bon recrutement pour les parquets et les sous-préfectures. A moins qu'on les remplaçât tous par des légitimistes, ce qui était difficile, la rue de Poitiers ne se déclarait point satisfaite.

Tout est conduit par l'exagération dans les moments de crise ; le remplacement d'un sous-préfet prenait alors des proportions gigantesques, et M. Dufaure, qui avait si violemment sabré la Montagne, devenait tout de suite un réactionnaire parce qu'il ne pouvait destituer tous les sous-préfets désagréables à la rue de Poitiers. Les choses prirent une si vaste proportion que M. Odilon Barrot cita MM. Molé et Thiers à la barre du président de la République. La conférence eut lieu dans le cabinet de ce dernier. M. Odilon Barrot, toujours plein de lui-même, offrit la présidence du conseil à M. Thiers — qui la déclina. — Mais ne l'eût-il point déclinée qu'il ne l'aurait pas eue ; car le président de la République rappela M. Odilon Barrot à la réalité des choses en lui disant, la séance une fois terminée :

« Croyez-vous que si M. Thiers vous eût pris au mot et avait consenti à devenir ministre, j'aurais consenti, MOI, à lui confier un portefeuille ?... Si vous l'avez cru, vous vous êtes étrangement trompé... »

Le prince voulait enfin voler de ses propres ailes, avoir son ministère à lui et essayer ses forces sur la majorité ; les ministres qui lui déplaisaient, déplaisant en outre à la majorité, il se décida enfin à prendre des hommes absolument nouveaux. Drapé dans sa morgue bourgeoise et se sentant vaincu, M. Odilon Barrot ne chercha même pas à se défendre; il garda le lit et se claustra dans sa maison de campagne de Bougival, où il apprit par une lettre polie et même affable du prince le nom de ses successeurs. Il eut alors le bon sens et le bon goût de refuser le grand cordon de la Légion d'honneur que lui offrait le président avec plus de bienveillance que de raison. On a raconté que le jour où M. Odilon Barrot reçut la missive du président, un dîner ministériel commandé pour le soir dut être ajourné. Vérification faite auprès des contemporains, c'est à M. Dufaure que la mésaventure advint. Ce faux bonhomme fut le plus vexé de la bande ministérielle. Du reste, M. Dufaure paraît avoir été prédestiné au ridicule. Au Coup d'État, il fut arrêté à la mairie du 10e arrondissement et incarcéré à la caserne du quai d'Orsay. Jusque-là tout allait bien, cela lui donnait une bonne allure de martyr; mais Mme Dufaure étant malade, M. Dufaure obtint du colonel Féray la permission d'aller la rassurer. Lorsqu'il revint, ses camarades, les représentants étaient déjà expédiés ailleurs, on refusa de le reprendre. Irrité, il alla successivement implorer de M. de Morny et de M. Rouher un ordre de réincarcération. Comme on le lui refusait assez cavalièrement, il prétendit que c'était son droit :

« Alors, il fallait rester, » lui répondit judicieusement M. Rouher.

Et le pauvre homme n'eut pas la gloire d'être une victime du 2 Décembre (1).

Par ses exigences de tous les instants, la réunion parlementaire de la rue de Poitiers avait aidé et forcé à la fois le prince Louis à se débarrasser d'un ministère qui le gênait et qui obéissait trop à ses adversaires.

(1) Depuis le 4 Septembre beaucoup de petits secrets sur le 2 Décembre et les arrestations qu'il occasionna ont été dévoilés; et il est permis désormais de mesurer la grandeur d'âme des royalistes et des républicains modérés dans la fausse lutte qu'ils eurent l'air d'entreprendre contre le prince Louis-Napoléon.

M. de Morny fut d'une politesse parfaite pour tous ceux qui lui demandèrent des laissez-passer; il ne fut impitoyable que pour les adversaires décidés. S'il avait voulu serrer les mains — M. Jules Favre en savait quelque chose — il aurait pris toute la Montagne, M. Victor Hugo en tête, malgré les fables que ce dernier raconte dans l'*Histoire d'un crime*. Même les partisans du coup d'État, personne ne peut nier que la loi était violée; mais on l'avait violée en février 1848; cependant ses adversaires, j'entends les adversaires haut placés, n'ont pas eu à se plaindre de la façon dont ils ont été traités. On fut trop sévère pour les simples soldats de l'émeute; mais si l'on pouvait fouiller les papiers des commissions mixtes, on verrait qu'elles ont eu à réparer beaucoup d'injustices commises sur les dénonciations du parti royaliste. Le prince Louis-Napoléon avait recommandé l'indulgence et personnellement il en a usé toutes les fois qu'on s'est directement adressé à lui.

Cette réunion de la rue de Poitiers était un foyer d'intrigues où venaient se réchauffer tous les partis hostiles à la République. Elle était composée d'orléanistes, de légitimistes, de bonapartistes et même d'hommes qui, dans leur haine du parti républicain, se seraient modestement accommodés pour eux-mêmes de la présidence de la République. Tel était M. Thiers, l'un de ses grands prêtres. C'était, en outre, une agence électorale disposant d'abord de capitaux qu'elle parvenait assez habilement à tirer du parti conservateur et ensuite de journaux de province très bien rédigés. A Paris, son moniteur officiel était l'*Assemblée nationale*, feuille créée, avec quelques sous, dès le 28 février 1848, par un homme d'un grand esprit et d'un grand courage, M. le comte Adrien de Lavalette; le seul réactionnaire intelligent, logique, actif de ces temps-là; le seul ne se livrant pas au travail d'écureuil si vanté alors et encore aujourd'hui, qui consiste à représenter comme facile une solution impossible, à dire que les princes arriveront demain, lorsqu'ils sont au contraire uniquement occupés de leurs affaires d'intérêt.

Une anecdote toute récente, et qu'il n'est pas hors de saison de raconter ici, nous prouve combien est dégénérée la race des prétendants. Le chef d'une dynastie, auquel un personnage important demandait comment la crise que nous traversons en ce moment finirait, répliqua d'une voix désespérée en mettant sa tête dans ses mains crispées :

« Dieu seul le sait ! Quant à moi, je ne vois pas qui nous sortira de là. — Ni moi non plus, monseigneur. »

Je reviens à l'organe de la rue de Poitiers.

Très hardi, M. Adrien de Lavalette s'était fait supprimer par Cavaignac ; très pratique, il était plus orléaniste au fond que légitimiste, tout en reconnaissant que la légitimité était le seul principe fécond de la monarchie ; aussi nous le verrons entrer tout à l'heure dans le mouvement fusionniste, sans doute avec plus d'ardeur que de certitude, mais avec une indomptable résolution. Il avait donc fait de l'*Assemblée nationale* une puissance, même à côté de la *Patrie* et du *Constitutionnel*, qui étaient alors — sous MM. Delamarre père et Véron — les journaux les mieux achalandés.

Enfin la rue de Poitiers inondait la France de bonnes petites brochures assez niaisement conservatrices, prêchant une politique d'enfant poltron. Leurs titres diront ce qu'elles valaient : *Les Partageux.* — *Qu'est-ce que le Socialisme ?* — *Démocrate hier, socialiste aujourd'hui,*

communiste demain. — *La Sentinelle de la Guérite.*
— *Le Budget de la République rouge.* — *Le Neveu de Franklin*, etc. Pour donner une idée de ses façons d'agir, je ne puis mieux dire que de rappeler l'organisation plus récente, de 1872 à 1877, du fameux comité bonapartiste — qui n'en était réellement pas un, puisqu'il était tout entier dans la tête de M. Rouher et dans son cabinet de la rue de l'Élysée.

Cette grosse machine royaliste commençait, sous le pavillon d'une *campagne de Rome à l'intérieur*, à se tourner contre le prince Louis ; en effet, au lieu d'essuyer les plâtres au profit de la monarchie, il les séchait pour lui. Bien qu'elle n'eût alors aucun candidat royal déterminé, et qu'elle n'eût d'ailleurs point su comment le mettre debout, la rue de Poitiers voulait à tout prix empêcher le prince de durer. C'était et ce fut là toute sa politique de juin 1849 à décembre 1851. Jamais on ne put lui faire comprendre autre chose.

L'expédition de Rome l'avait comblée de joie, mais l'attitude que le prince, à son occasion, avait prise devant l'armée l'intriguait et la mécontentait. Le rétablissement du prestige de l'armée la rassurait bien contre la guerre civile ; au fond elle trouvait que le prince ne manquait pas de certaines qualités ; mais il s'appelait Bonaparte, et si, grâce à ce nom, il allait capter tout à fait les soldats, cela troublait ses plans. Si le président d'alors se fût nommé Tartempion ou Grévy, elle l'eût protégé jusqu'à la fin de son mandat, surtout à cause de sa nullité. Tant il est vrai que la République est le gouvernement qui divise le moins les partis monarchiques.

CHAPITRE V

La presse bonapartiste. — Les grands journaux conservateurs. — Le docteur Véron. — Les cloches de second rang. — Le parti bonapartiste se recrute et s'organise. — M. de Persigny. — Son rôle. — M. Rouher bat M. Thiers à la Législative. — Les manifestations de février 1850. — M. Thiers et M. de Montalembert. — La lutte est engagée.

Il est temps de jeter un coup d'œil rapide sur la presse politique en 1849 et 1850. Si elle n'a pas joué un rôle absolument prépondérant, elle a été le point d'appui sur lequel les partis essayaient de faire peser leur levier.

Jusqu'au 10 décembre 1848, les journaux spécialement bonapartistes avaient fait beaucoup plus de bruit que de besogne. Après comme avant l'élection présidentielle, leur nombre n'avait illusionné personne sur leur force. Le *Bonapartiste*, le *Bonapartiste républicain*, le *Petit Caporal* (il n'y a rien, on le voit, de nouveau sous le soleil), la *Redingote grise*, le *Napoléon*, le *Napoléonien*, la *Démocratie napoléonienne*, et jusqu'au *Socialisme napoléonien* — évidemment j'en passe et peut-être des meilleurs — n'avaient vécu et ne devaient vivre que quelques jours. L'élection du 10 décembre s'était surtout faite à Paris par la coalition de forces ennemies les unes des autres : avec la *Presse* de M. de Girardin, l'*Événenement* de MM. Hugo père et fils, Meurice et Vacquerie, le *Constitutionnel*, la *Patrie*, et même avec le concours des journaux royalistes, notamment de l'*Assemblée nationale*, qui, ayant été supprimée du 26 juin au 7 août 1848, se vengeait, comme la *Presse*, du général Cavaignac.

La *Presse* avait vite passé au socialisme avec armes et bagages, en entraînant l'*Événement*. Le soir même de l'élection du prince, M. de Girardin avait dit à la princesse Mathilde : « Le président n'a qu'à trouver le moyen de se débarrasser de moi, car je n'ai plus qu'à chercher à le renverser et je ne ne m'en ferai pas faute. »

L'*Assemblée nationale* était rentrée dans sa ligne une fois Cavaignac à bas.

Le *Constitutionnel* restait encore suspendu, comme un problème, sous l'influence de M. Thiers.

Quant à la *Patrie*, M. Delamarre la soumettait à un régime de soubresauts qui ne permettait pas au président de la considérer comme une amie sûre.

Cependant le prince désirait avoir un journal bien à lui, sur lequel il pût compter, même et surtout dans les moments décisifs (1). Or, l'argent manquait à l'Élysée. Le grand empereur, comme plus tard Charles X, avait été absolument et définitivement dépouillé par ses successeurs de sa fortune privée. Son héritier était pauvre, et sa petite fortune personnelle ayant été absorbée depuis longtemps dans le plaisir et dans les conspirations, il ne fallait donc pas songer à créer un nouveau journal; car l'argent est le nerf de toute opération de presse. Le cautionnement, rétabli par la loi du 9 août 1848, allait être doublé en 1850, en même temps que la restauration du timbre, et d'autres mesures rajeunissaient le système des lois de septembre 1835. Comme on le voit, les burgraves n'y allaient pas de main morte; sauf le roi, qu'ils n'avaient pas sous la main et

---

(1) Napoléon III a toujours adoré le journalisme et surtout le journaliste. Un homme qui savait lestement trousser un article a toujours émerveillé le prince, qui aimait lui-même manier la plume. Ce fut un des grands défauts du second empereur que cette passion pour le papier imprimé. Les grandes fautes de 1866 à 1869 sont dues à l'accès facile que certains journalistes audacieux et sans tenue avaient aux Tuileries.

Il y aurait un chapitre singulier à écrire sous ce titre: *Napoléon III journaliste et entrepreneur de journaux.* J'ai déjà recueilli quelques notes sur ce sujet; mais le temps n'est pas encore venu. Il est à la fois trop tôt et trop tard pour étudier ce côté particulier de la vie de l'empereur.

qu'ils n'osaient pas rappeler, ils donnaient satisfaction à tous leurs appétits réactionnaires. Le président, contre lequel toutes ces lois étaient votées autant que contre les rouges, en était réduit à rechercher l'appui des journalistes influents.

Ce fut là la plus grande préoccupation de M. de Persigny. Il essaya par tous les moyens de se concilier la faveur des journalistes. Deux fois le comte Adrien de la Valette lui refusa la croix; d'autres journalistes l'éconduisirent moins poliment. Enfin, de guerre lasse, et après avoir reconnu qu'il était impossible de rien créer, il jeta les yeux sur *le Constitutionnel*. Ce journal, propriété du docteur Véron, jouissait alors d'un grand crédit. On a beaucoup médit du docteur Véron, on a eu tort. Ce Fontanarose politique, successivement protagoniste de la pâte Regnault, souveraine contre le rhume et la toux, fondateur d'une revue importante, directeur heureux de l'Opéra alors que les plus intelligents s'y ruinaient, et rédacteur en chef du *Constitutionnel*, était certainement le prototype le plus complet de toutes les bouffissures bourgeoises. Curieux de lettres et d'art, très audacieux, vicieux plus encore, aimant l'argent, sachant le dépenser pour en gagner davantage, il était arrivé à se tailler une figure non point respectable, mais qui tenait une large place dans le monde parisien. Il était encore, à son corps défendant, l'homme de M. Thiers; mais la tyrannie implacable du petit bourgeois, qui rêvait impatiemment le pouvoir, avait blessé cruellement l'indépendance du gros bourgeois qui voulait l'influence.

Aussi lorsque ce dernier entrevit la possibilité de devenir le favori et le conseiller utile de l'Elysée, il n'hésita pas à rembourser à M. Thiers les cent mille francs, prix des actions que ce dernier possédait et que représentait M. Merruau. Il reconquit ainsi sa liberté d'action. Cela eut lieu à la fin de 1849, au moment même où le prince-président venait de nommer son premier cabinet personnel.

Du reste, malgré sa grosse vanité et son indiscrète outrecuidance, le Verrès de la rue de Valois était très fin et très habile. De plus il n'arrivait pas seul à l'Elysée, il amenait avec lui un journaliste de premier ordre, M. Granier de Cassagnac, et un autre écrivain moins autorisé, mais fort intelligent, M. Romieu; puis une foule d'auxiliaires de moindre envergure, des cloches de troisième rang dont on ne pouvait nier la valeur. En sa qualité de Mécène au petit pied, il entraînaît dans son cercle une légion de viveurs turbulents, de femmes remuantes qui pensaient et parlaient avec lui et par lui. Quand on est le chef actif d'un parti sur la brèche, il ne faut pas négliger les troupes légères. Ce n'est pas avec les gros bonnets, les anciens ministres et les hommes officiels qu'on dirige l'opinion; ces personnages-là ne se mettent en route que le lendemain de la victoire. Les troupes légères, au contraire, vont de l'avant, se répandent dans tous les mondes et y jettent en courant le levain de leurs idées. Le docteur Véron était donc à tous les points de vue une conquête importante pour le président de la République.

Il ne fut pas non plus étranger au mouvement d'opinion qui se fit par le théâtre.

Ce mouvement avait été d'abord très légitimiste, ou mieux très royaliste. Tous les théâtres de Paris se mirent carrément à faire de la réaction; la censure ne les gênait pas beaucoup, elle les encourageait au besoin et le public les y aidait. Tous les soirs, les républicains battus dans la journée à l'Assemblée, étaient mis en pièce sur trois ou quatre scènes différentes. Sur ce terrain-là, il y avait à la fois unanimité et injustice, car il faut convenir que le parti républicain d'alors disposait d'hommes de talent et d'avenir fourvoyés par la révolution de Février (1).

Le prince, de son côté, commençait à grouper autour de lui une petite phalange d'élite : il avait découvert M. Rouher ; il allait avoir M. Baroche et il possédait déjà deux hommes de main qui n'attendaient qu'une occasion pour passer au premier rang : M. de Persigny et le commandant, depuis général, Fleury.

La mort récente de M. Rouher, si elle n'a pas épuisé les éloges qu'on doit à ses talents, a fourni à la chronique l'occasion de le biographier sur toutes les gammes. A propos de

(1) En 1848, les jeunes bourgeois trouvaient très « v'lan », très « p'schutt » et superlativement « Ah ! » d'avoir du courage et de la gaieté. Le lendemain du jour où ils avaient versé généreusement leur sang sur les barricades pour la défense de l'ordre, de la propriété et de la famille (comme on disait alors), ils allaient joyeusement applaudir au Vaudeville, au Gymnase, aux Variétés et au Palais-Royal des pièces épisodiques et des revues peu agréables à leurs ennemis de la veille. Les petits théâtres s'en mêlaient aussi, et j'ai entendu chansonner Marrast au théâtre des Délassements-Comiques.

Le bon sens n'avait pas encore fait faillite en France.

La pièce qui, sous la seconde république, ouvrit la marche dans les fastes de la réaction, fut la fameuse et célèbre pièce de Clairville : *la Propriété, c'est le vol* (28 novembre 1848). Douze jours après on devait voter pour la présidence et il y avait quelque opportunité de flétrir les révolutionnaires à outrance.

Le 19 décembre 1848, au moment même où l'élection du prince Louis devenait un fait accompli, le Palais-Royal (théâtre Montausier) donna la première représentation des *Lampions de la veille et des Lanternes du lendemain*. C'était surtout au mépris des nouveaux souverains de la France, des « vingt-cinq

la loi du 31 mai, nous allons rencontrer M. Baroche et nous retrouverons M. le commandant Fleury lors de la préparation militaire du coup d'État. Reste M. de Persigny, dont l'action s'est montrée incessante pendant les années 1850 et 1851.

C'était un vétéran de Strasbourg et de Boulogne. Il possédait à un haut degré d'intensité les doctrines napoléoniennes; on peut même dire qu'il en était, après le prince, la personnification la plus ardente. Le président l'avait toujours près de lui; il se l'était attaché comme aide de camp avec

---

francs », que poussaient les vaudevillistes. La puissance des mots est grande en France; on y a fait des révolutions avec des phrases que le peuple ne comprenait pas le plus souvent, avec : « Vive la Charte ! » et « Vive la Réforme ! » En 1848 et 1849, la bourgeoisie s'est vengée des fauteurs de révolution avec ce mot de « vingt-cinq francs » qui a tué du même coup le représentant Baudin et la République.

La Foire aux idées est le point culminant de cette lutte de la gaieté contre la révolution. Ses quatre numéros se succédèrent dans l'année 1849 : 16 janvier, 22 mars, 23 juin et 13 octobre.

Citons les *Grenouilles qui demandent un roi*, les *Femmes saucialistes*, l'*Exposition des produits de la République*, *Rhum*, *Paris sans impôts*, le *Club champenois*, *Un petit de la mobile*, l'*Avenir dans le passé*, les *Éphémères*, *A bas la famille*, l'*Ane à Baptiste*, les *Grands Écoliers en vacances*, les *Partageuses*, la *Fin d'une République*, la *Danse des écus*, etc.

Au fur et à mesure que la victoire devint certaine, la lutte s'amoindrit cependant. En 1851, il n'y eut presque pas de pièces politiques; il n'y en avait eu que très peu en 1850. Or, rien qu'en 1849, on en avait joué cinquante-cinq, toutes réactionnaires.

le grade de colonel de la garde nationale. Élu représentant à la Législative, il était de plusieurs réunions parlementaires et notamment de la rue de Poitiers. Son rôle à la présidence était celui de ministre au département des bons conseils et des missions difficiles. Il s'en acquittait heureusement. M. de Persigny eut toujours le droit de dire la vérité au prince Louis et... à l'Empereur ; — et si sa vérité à lui ne fut pas toujours la vérité vraie, la faute n'en fut pas à son dévouement et à son cœur, mais aux circonstances qui gâtent les hommes les meilleurs. M. de Persigny, lorsque l'histoire pourra être écrite avec une complète impartialité, sera une des figures les plus nobles du second empire. Il a aimé l'empereur Napoléon III, comme Bertrand a aimé Napoléon Ier, avec le même fanatisme et la lucidité en plus. Mais sa personnalité est encore entourée de trop de faiblesses privées et publiques pour qu'on en puisse parler aujourd'hui comme il convient.

Cependant en 1850 sonnait le deuxième tiers de la magistrature présidentielle. Aux réceptions du 1er janvier, on pu remarquer l'empressement de l'armée et des fonctionnaires auprès de la personne du président ; par contre, les représentants furent peu nombreux et les rangs des officiers de la garde nationale très clairsemés. La majorité de l'Assemblée s'était divisée à propos d'une intervention à la Plata, que le gouvernement voulait pacifique et que la commission de l'Assemblée voulait militaire; la question était pendante et les débats ne se terminèrent que le 7 janvier, par la victoire de M. Rouher sur M. Thiers, victoire difficile, par 338 voix contre 300, mais qui, si elle n'avait point été remportée, mettait le jeune cabinet à vau-l'eau. C'était le désir de M. Thiers, dont l'amour-propre public, en cette circonstance, se trouvait conforme à ses intérêts privés. M. Rouher était sacré ministre, et personne ne lui reprocherait désormais d'être un homme *novissimæ nobilitatis*.

C'était d'un bon augure, car l'année s'annonçait sous des dehors parlementaires très difficiles.

Si la rue de Poitiers redoutait que le président ne devînt empereur, elle craignait — et c'était ce qui lui donnait une certaine popularité — elle combattait surtout le socialisme. Pas d'empire, pas de démagogie; c'était son dilemme; mais elle n'avait pas le roi pour barrer le passage à l'empire et écraser la démagogie; c'était là ce qui la faisait faible.

Cependant, avec une noble ardeur, elle s'engagea dans la lutte. Le prince-président l'y aidait sans trop se faire prier. Cinq grands commandements militaires furent organisés (12 février) pour opposer une digue aux efforts des sociétés secrètes dont les réseaux s'étendaient déjà par toute la France. Le général Changarnier gardait naturellement Paris ; le général Magnan était à Strasbourg ; le général Castellane à Bordeaux ; le général Rostolan à Toulouse et le général Gémeau à Lyon. Tout aussitôt la presse démagogique les décora du nom de *Mouchards en habits brodés*. A l'Assemblée, la majorité, un moment divisée sur la question de la Plata, se reconstituait pour flétrir les instituteurs primaires, agents électoraux des rouges.

La célébration du 24 Février fut l'occasion d'un fait regrettable. Un commissaire de police fit enlever de nuit les couronnes que la foule était venue déposer sur le socle de la colonne de Juillet. Bien que les caves de ce monument contiennent autant de Suisses et de gardes royaux et plus de bonapartistes que de martyrs de la liberté, la foule démagogique, depuis cinquante ans, a fait de la colonne le but de ses manifestations.

Le préfet de police fit rendre les couronnes ; mais une interpellation une réponse du ministre de l'intérieur ne parvinrent pas davantage à calmer les cris du peuple. De nouvelles manifestations eurent lieu ; on y entraîna 2 sergents, 5 caporaux et 77 soldats de toutes armes, ce qui permit aux journaux rouges de dire le lendemain : « L'armée est avec nous ! »

L'armée était si peu avec eux, que chaque fois qu'on lui demandait son concours pour remettre l'ordre, elle s'y prêtait avec un empressement qui amenait des réclamations de la part des mêmes journaux.

Mais ces sortes de batailles sont toujours mauvaises pour le parti de l'ordre. L'autorité pour être respectée ne doit jamais commettre d'imprudences.

De plus les discussions de l'Assemblée d'où se levait une buée de haines antisociales, où l'on vantait l'opportunité de la répression à outrance, autorisaient des discussions dangereuses. Au cours des débats sur la Loi de l'enseignement il se produisit de part et d'autre des discours d'une violence inouïe. M. Victor Hugo (1) ayant dit dans une de ces harangues

---

(1) M. Victor Hugo que nous admirons comme poète, mais que nous plaçons comme intelligence politique au-dessous du dernier clubiste de la foire républicaine, s'attirait continuellement des algarades.

Il apportait à la tribune des discours improvisés péniblement dans le silence du cabinet, où il avait savamment groupé des

véhémentes qui visaient l'effet et perforaient la raison : « Si le cerveau de l'humanité était » là, sous votre main, s'il était à votre dis- » position, ouvert comme un livre, vous y » feriez des ratures », M. de Montalembert dans sa réplique le taxa de « dramaturge » ayant dépravé le goût et sali l'âme de la » France ». Il va de soi que l'image dont s'était servi M. Victor Hugo n'avait d'autre mérite que de peindre une folie burlesque; mais était-il bien nécessaire de se venger

antithèses travaillées à froid. C'était la joie de M. Dupin de tâcher de lui embrouiller la mémoire. Un jour que le futur émule du *Dante exilé*, parlait sur le paupérisme, il supposa pour la plus grande facilité de son argumentation qu'un membre de la droite l'avait interrompu par ces mots : « Il n'y a rien à faire ! »

« Rien à faire, Messieurs ! j'entends dire de ce côté qu'il n'y a rien à faire ! Ah ! Messieurs, cette parole pèsera lourdement sur cette discussion ! » Et M. Victor Hugo pétrissait de ses mains le marbre de la tribune en prenant des airs de titan offensé.

« Mais on n'a rien dit, » répliqua une voix de la droite.

M. Dupin saisissant la balle au bond arrêta net M. Victor Hugo et lui demanda qui l'avait interrompu. M. Victor Hugo s'excusait de ne pas dénoncer le coupable ; mais toute la droite criait : « Nommez-le ! nommez-le ! » Si bien qu'après un coup de sonnette et devant le silence du poète-orateur, le président reprit :

« Il reste bien entendu que M. Victor Hugo s'est offert lui-même une interruption, afin d'avoir l'occasion d'y répondre avec bonheur ! Continuez, monsieur Victor Hugo ! »

Depuis M. Victor Hugo a publié ses harangues parlementaires et les a légèrement corrigées. Il eût mieux fait de les supprimer tout à fait. C'est un ramassis de lieux communs pompeux, qui n'ont absolument aucune valeur politique. M. Victor Hugo hors de sa vie littéraire et de ses œuvres dramatiques est un Bombeur de vide.

sur le magnifique théâtre du poète de ses insanités politiques? Tout était à l'unisson et la fureur des élites gagna si rapidement les masses que, le 10 mars 1850, l'élection de représentants, en remplacement de ceux qui avaient été déchus de leur mandat à la suite du 13 juin 1849, vint terrifier la France.

On s'était d'ailleurs vigoureusement préparé d'un côté comme de l'autre.

CHAPITRE VI

Les nouveaux ministres. — Louis Napoléon se décide. — Changarnier, son portrait, son sans-gêne, ses bons mots. — Il est mis sous la surveillance de M. Carlier. — L'*Union électorale* et le *Comité central démocratique*. — Physionomie des conclaves. — M. de Girardin est battu. — Les élections du 10 mars. — M. Baroche.

Le nouveau ministère se composait de personnages très, peut-être même trop, nouveaux dans la politique. C'était un soufflet donné au régime parlementaire, et le prince l'avait appliqué le plus vigoureusement possible, afin que le coup laissât des traces, même s'il ne réussissait pas. Il voulait montrer à la rue de Poitiers qu'il ne la craignait pas et qu'il n'était point si petit garçon qu'elle voulait le laisser croire.

Aux finances, M. Fould, le banquier de l'élection du 10 décembre et que M. Odilon Barrot avait refusé avec éclat pour collaborateur, conciliait au nouveau cabinet la Bourse, les capitalistes, les porteurs de rentes. Le frère de l'ex-président du conseil, secrétaire général lui-même du président de la République, M. Ferdinand Barrot manquait évidemment d'ampleur, mais il représentait la volonté du prince, et cela devait indiquer une nouvelle et ferme direction aux préfets. Le général d'Hautpoul à la guerre, le général Ducos de Lahitte aux relations extérieures, le contre-amiral Romain Desfossés à la marine, M. Bineau aux travaux publics, M. Dumas à l'agriculture et au commerce, tenaient leur place tant bien que mal. Deux jeunes avocats, l'un du Cantal, M. de Parieu, à l'instruction publique, l'autre du Puy-de-Dôme, M. Rouher aux sceaux, complétaient cet ensemble en définitive peu majestueux.

Ce fut une risée, et charitablement on ne donna pas quinze jours à vivre au nouveau cabinet.

Cependant, le prince n'avait pas eu la main malheureuse ; M. Fould montra des qualités de premier ordre ; et MM. Rouher et de Parieu étaient tout simplement deux des meilleures têtes de l'Assemblée législative. Ces deux fils de l'Auvergne avaient été particulièrement désignés au président par M. de Morny qui, s'il ne jouait pas encore les premiers ministres, était déjà rallié aux intérêts de la présidence, par son sang et surtout par son goût pour l'aventure et par les immenses appétits qu'il annonçait déjà. Député de l'Auvergne depuis huit années, M. de Morny connaissait bien la valeur réelle des deux hommes qu'il amenait à l'Élysée.

L'un, M. de Parieu, esprit à la fois timide et étroit dans ses vues sur l'avenir, mais orateur d'une éloquence parlementaire discrète et soignée, devait ne se livrer qu'à moitié et rester toute sa vie à cheval sur le désir d'arriver plus haut et le repentir de devoir son élévation à la faveur césarienne. Cela imprégna même sa tenue d'une sorte de tristesse maladive qui le fit appeler « le chaudronnier mélancolique » par son robuste collègue M. Rouher, qui s'était donné, lui, tout entier, et dont la haute fortune fut toujours pour M. de Parieu un crève-cœur et un sujet de petites jalousies.

Le message que les nouveaux ministres apportèrent à l'Assemblée contenait les premières paroles vraiment napoléoniennes que le prince eût encore prononcées comme gouvernant.

« ... Tout un système a triomphé au 10 dé-
» cembre, car le nom de Napoléon est à lui
» seul tout un programme. Il veut dire : à
» l'intérieur, ordre, autorité, religion, bien-

» être du peuple ; à l'extérieur, dignité natio-
» nale. C'est cette politique inaugurée par
» mon élection que je veux faire triompher
» avec l'appui de l'Assemblée et celui du
» peuple. »

Ce programme est celui que Louis-Napoléon a suivi fidèlement en 1849, 1850 et 1851, et qui l'a conduit au trône, en 1852, au milieu de péripéties si diverses qu'elles paraîtraient tenir du roman, si elles n'étaient pas de l'histoire.

A dater de ce jour, le prince-président sent bien que les chefs des conservateurs ne veulent pas de lui ; qu'il doit arriver par ses amis et par la foule ; que les meilleurs complices de ses projets de restauration sont les masses et les individualités désireuses de faire fortune.

Il ne doit plus compter sur les hommes du passé ; ainsi, après avoir eu l'air de vouloir mettre Louis-Napoléon, malgré lui, sur le trône, le fantasque général Changarnier s'était presque tout de suite déclaré le généralissime des burgraves.

C'était un singulier homme que le général Changarnier. En le voyant passer sur le pont de la Concorde pour se rendre à l'Assemblée, toujours précédé et suivi d'agents de police veillant sur sa personne, on l'aurait pris volontiers pour un général d'opéra-comique.

Verni, luisant, musqué, tiré à quatre épingles — le *Charivari* l'avait surnommé Bergamotte et Pommadin :

> Changarnier, revenu de la rive africaine,
> A de plus doux exploits exerce son talent,
> Il voudrait voir finir l'ère républicaine,
> Pour briller à la cour en costume galant.
> Mais les eaux de senteur, poudres et bergamottes,
> Ne rendent point la vie à ses charmes défunts,
> Et le guerrier coquet, malgré tous ses parfums,
> N'est pas en bonne odeur auprès des patriotes.

Cependant, sous cette enveloppe en apparence délicate, il possédait une intrépidité calme de tous les moments, une confiance en soi qui frisait l'insolence. Mais le sentiment le plus complet de la responsabilité (qui manque à tant de militaires) en faisait un homme hors ligne. Son adhésion à la République, dans laquelle il en relevait le prix en affirmant « son habitude et sa volonté de vaincre » avait fait de lui, pour les gens plus calmes, un personnage falot ; mais sa conduite avait tout de suite montré son caractère décidé. Rodomont, burlesque dans ses discours, visant à l'originalité, dépensant facilement un esprit naturellement gouailleur, il ne lui a manqué, pour être un grand homme, que la connaissance de soi-même et surtout celle des autres.

Tant que le maréchal Bugeaud avait vécu — le vainqueur d'Isly était mort du choléra au mois d'avril — le bon sens imperturbable et la haute personnalité de ce dernier — le meilleur conseiller du prince — avaient maintenu le commandant en chef de l'armée de Paris dans une ligne respectueuse. A l'armée d'Afrique, il avait rudement senti jadis la fermeté de main de son ancien et de son supérieur, et il se méfiait. Mais une fois le maréchal disparu, il crut le président à sa merci et voulut lui persuader qu'il était son seul appui dans l'armée.

Le prince était trop habile diplomate, il savait trop les hommes pour se laisser enlacer par le général Changarnier, dont les finesses, après tout, étaient cousues du gros fil de M. Thiers. Il entendait se faire une clientèle personnelle dans l'armée et il se la fit.

Le général Changarnier traitait les officiers soupçonnés de républicanisme avec une rigueur brutale parfois blâmable. Je pourrais en citer des exemples d'une légèreté et d'une inconséquence notoires. C'était par trois, quatre et cinq officiers pris dans le même régiment qu'il procédait à des exécutions sommaires, souvent sans motif. Un jour, notamment, au 51ᵉ de ligne, caserné dans le quartier Saint-Antoine, pour une plaisanterie de pension dans laquelle on avait mis aux voix la destitution du président de la table, il voulut faire mettre en non-activité deux lieutenants, trois sous-lieutenants et un docteur. Grâce aux observations des bureaux de la guerre, la chose fut arrêtée à temps.

Tout sous-officier signalé comme ayant assisté à une assemblée populaire partait, le lendemain matin, pour l'Afrique. La nomination du sergent-major Boichot, du 7e léger, aux élections de la Législative, était le résultat d'une sévérité mal appliquée. Quoi qu'ait prétendu depuis Boichot dans ses Mémoires un peu emphatiques, il n'était pas du tout un personnage politique avant qu'on l'eût fait enfermer à Vincennes.

Au fur et à mesure que le président se formait aux affaires, les exécutions fréquentes qui frappaient l'armée devenaient plus difficiles. Il ne donnait pas de signature sans savoir de quoi il s'agissait. Très enclin à l'indulgence, lorsque les fautes n'étaient pas graves, il se fit plus d'un partisan en arrachant des mains du général Changarnier un officier compromis. Le général n'écoutait pas très patiemment les remontrances, surtout lorsqu'elles venaient de l'Élysée. Après le

13 juin, il y eut des tiraillements pleins d'aigreur à propos d'un officier supérieur — porteur d'un grand nom militaire illustré dans la campagne d'Égypte — et auquel le prince voulait laisser toute grande ouverte la porte du repentir, tandis que Changarnier s'obstina à l'envoyer devant un Conseil de guerre où il fut condamné.

Cela n'était qu'une question de service où la responsabilité qui pesait sur le général lui imposait des devoirs souvent pénibles ; mais à cette obstination de contrecarrer les désirs du président s'était bien vite joint un manque absolu de respect pour la personne du prince. A l'état-major du général en chef qui siégeait aux Tuileries, — on disait alors « les Tuileries » par opposition à « l'Élysée » — les officiers faisaient, à l'imitation de leur patron, des gorges chaudes sur le président et son entourage ; c'est de là que partaient tous les quolibets dont on assaillait Louis-Napoléon, et si l'on ne parlait pas encore de le coffrer à Vincennes, cela allait arriver.

Le général Changarnier, se croyant invulnérable, laissait faire ; il avait roulé le général Rulhières, il ne fit qu'une bouchée du général d'Hautpoul ; voulant montrer que ce n'était qu'une bonne femme, il l'appelait familièrement la mère d'Hautpoul, en latin : *Merda Gallinacea*.

Le ministère du 31 octobre, dévoué au prince, comprit que « les Tuileries » devaient être surveillées de jour et de nuit ; il remplaça, à la préfecture de police, le colonel Rebillot, que sa situation militaire faisait le sous-ordre de Changarnier, par le chef de la police municipale, M. Carlier, un policier déluré et expert, auquel on ne pouvait en remontrer. Il eut pour mission spéciale de se tenir au courant des projets du général en chef et de lui témoigner en apparence un dévouement de tous les instants. Si Changarnier toussait, l'Élysée le savait aussitôt par Carlier ; nous verrons bientôt comment le général se laissa surprendre en flagrant délit de conversation criminelle, contre le prince, avec MM. Thiers et de Broglie.

Alors, le suffrage universel n'était pas encore blasé. Le public s'occupait beaucoup des élections et s'y amusait. A Paris, l'*Union électorale*, une innovation plus intelligente qu'heureuse de la rue de Poitiers, avait présenté une liste de dix candidats, sur laquelle les électeurs devaient en effacer sept et ne laisser que trois noms. Ces listes recueillies dans chaque section par un scrutin préparatoire, auquel présidaient solennellement les chefs de la bourgeoisie, désignèrent MM. F. Foy, de la Hitte et Bonjean aux suffrages des électeurs conservateurs.

Les socialistes appelèrent leurs candidats devant un conclave composé de délégués... élus par une sorte de sélection anarchique. Ce conclave s'était organisé le 18 mars 1849, en vue des élections à la Législative, avec les débris de deux puissantes associations démagogiques : le *Congrès général* et le *Conseil central*. Il s'appelait le *Comité central démocratique* et avait fait trembler tout Paris. Il était composé de 232 membres dont voici les noms les plus évidents : Napoléon Lebon, Paya, Chipron, Berryer-Fontaine, Baudin, qui fut tué au coup d'État, — David (d'Angers), — Toussenel, le spirituel écrivain — d'Althon-Shée, l'ancien pair de France — Dufélix, Cournet, mort depuis à Londres — Philippe, forgeron — l'abbé de Montlouis — Servient, ancien élève de l'École polytechnique — Delne, maître de pension, etc.

Il siégea d'abord rue Saint-Spire, impasse de la Grosse-Tête, au milieu du quartier immonde de la rue des Filles-Dieu et dans une salle de bal d'ordinaire fréquentée par la lie des filles et des souteneurs ; puis il transporta ses assises rue Coquenard, dans une salle de concert. Les séances duraient jusqu'à 34 et 36 heures. Là on n'interrogeait point directement les candidats. Après qu'ils avaient débité leur profession de foi, le président leur passait les questions écrites sur un petit bout de papier. Alors, dans un silence profond — toute marque d'approbation et d'improbation était interdite aux délégués ; — ils parlaient ne sachant pas qui les interrogeait et quelle impression causaient leurs paroles.

Il fallait être bien gourmand du mandat de représentant pour se soumettre à de pareilles épreuves. Mais quand on avait réussi, on était candidat et par conséquent sûr d'être élu. M. Émile de Girardin, l'ex-adversaire de Cavaignac, l'ex-champion du prince-président, tombé dans la démagogie anarchique, se présenta pour subir l'examen. Dans un livre trop oublié aujourd'hui, car c'est un chef-d'œuvre : *Les Hommes et les Mœurs en France sous le règne de Louis-Philippe* — un écrivain d'un talent supérieur, mais que les circonstances ont emporté loin de la polémique qui convenait si bien à sa nature fiévreuse et à son tempérament tourmenté — M. H. Castille a raconté en termes éloquents le supplice de M. Émile de Girardin.

Les noms que ces délégués présentèrent aux suffrages de leurs concitoyens furent ceux de de Flotte, de Carnot et de Vidal. Le bon et placide M. Carnot faisait certainement une singulière figure entre le bouillant de Flotte et le révolutionnaire Vidal, mais l'ensemble était, paraît-il, heureux, puisque la liste sortit triomphalement de l'urne.

Sur 353,509 électeurs inscrits, 259,126 prirent part au scrutin.

MM. Carnot, Vidal et de Flotte furent élus par 132,000, 128,000 et 126,000; MM. F. de Foy, de la Hitte et Bonjean arrivèrent ensuite avec 125,000 voix.

Les forces étaient presque égales. Le parti de l'ordre, assez fortement organisé pour compter sur la victoire, l'avait célébrée d'avance avec trop de fanfares; chez lui le désappointement, puis le désarroi furent donc complets. Dans les quinze départements qui avaient élu des députés en même temps que le département de la Seine, on affecta de ne voir que les élections de M. Valentin à Strasbourg, de M. Gambon à Nevers, et de MM. Madier de Montjau aîné, Charassin, Esquiros, tandis que la plupart des autres nouveaux représentants étaient de parfaits conservateurs. En outre, un peu partout, l'agitation électorale s'était traduite par des colères populaires.

Malgré trois essais malheureux de République — on n'en était alors qu'au deuxième — le peuple croit toujours que le désordre dans la rue constate sa force et sa souveraineté. Une République sans turbulence lui semblerait une monarchie ; il est d'ailleurs encouragé dans cette superstition par les hommes d'État du parti républicain, tant qu'ils ne sont pas ministres. Jusqu'aux événements de juin 1848, la République à Paris n'avait été qu'une douce folie ; la charcuterie et la garde nationale, les promenades politiques et le petit bleu, le club et les élections avaient suffi au bonheur des Parisiens. Mais bien vite les grands prophètes s'étaient mis de la partie et les têtes s'étaient animées. J'ai souvent vu accuser le peuple de déraison. Comment ne serait-il point fou, lorsque les esprits les plus originaux, les hommes les mieux doués s'appliquent à tourmenter ses appétits, à les réveiller, à les surexciter. Ainsi, la révolution de Février a mis en lumière deux journalistes de génie qui, après avoir enthousiasmé la populace, se sont éteints devant la grande fatalité qu'on appelle la raison publique ; j'ai nommé Louis Blanc et Proudhon. Derrière chacun d'eux se formèrent des légions de demi-célébrités qui singèrent les maîtres et empoisonnèrent la

France de doctrines sans sanctions nécessaires, utiles, possibles.

Proudhon surtout, Proudhon, ce grand critique, qui n'a jamais eu une idée nette, positive, définie du gouvernement, qui a tout vu à travers ses lunettes de sceptique gouailleur, Proudhon fut l'idole des foules. Paysan jusqu'aux moelles, profondément amoureux de la possession, ce négateur de la propriété enthousiasmait le peuple par un mélange d'affirmations et de négations, où chacun trouvait un hommage rendu à ses passions, mais où personne n'aurait pu découvrir une solution gouvernementale pratique.

Cependant Proudhon, encore plus que Louis Blanc, a laissé dans les clubs et dans le journalisme une école d'iconoclastes, de briseurs de gouvernements, qui exercent dans les réunions électorales une grande influence par leurs périodes creuses et sonores, imperturbablement débitées.

J'ai rencontré souvent, depuis trente ans, des ouvriers qui savaient par cœur quelques pages de Proudhon et qui les plaçaient à toutes sauces. Ils ne se doutaient pas, les malheureux, qu'ils étaient intoxiqués et que leur prophète lui-même, dans son doute immense, se demandait s'il avait entrevu la vérité.

Tout ce monde s'agitait devant la République, devant la Constitution, devant l'avenir. Seul le président, impénétrable comme un sphinx, restait silencieux ; on lui a prêté ce mot — car, en temps de révolution, on s'obstine à faire parler même ceux qui gardent le silence — on lui a attribué, dis-je, ce mot : « L'avenir est aux apathiques! » Évidemment, il ne l'a jamais dit cet homme qui, dès l'âge de vingt-cinq ans, parlait de l'Empire comme s'il avait déjà la couronne sur la tête ; qui, arrivant à la prison du Luxembourg après Boulogne, disait au commandant Rébillot de la garde municipale : « Quand je serai empereur, je réorganiserai votre corps de telle façon ; » et répliquait à l'un de ses défenseurs après sa condamnation : « Combien dure la perpétuité en France? » Non, ce n'était point un apathique l'accusé qui répondait à la Chambre des pairs en héritier des droits de Napoléon à l'Empire des Français, à moins qu'il ne fût apathique à la manière de Sixte-Quint. Mais il n'avait pas de béquilles, il marchait droit, lui, inflexible comme le destin dans lequel il avait foi. S'il se montrait si calme en apparence devant l'agitation qui commençait à se soulever, dans le parti réactionnaire contre le suffrage universel, c'est qu'il était placé dans une situation plus que difficile.

Et en effet ce n'était pas seulement la réunion de la rue de Poitiers qui pérorait contre le mode d'élection des députés; les réunions parlementaires beaucoup plus modérées de la rue Richelieu et de la rue des Pyramides s'étaient mises les premières en route; elles s'étaient mises d'accord; d'ailleurs, au dehors de la Chambre, le mouvement parlementaire était poussé par une effroyable terreur rétrograde; le combattre eût été de la part du Prince Louis-Napoléon une faute grave. Cependant il ne pouvait oublier qu'il était l'enfant du suffrage universel, qu'il en était le fils aîné, qu'il comptait lui demander une nouvelle investiture. L'abstention à laquelle il se décida, la résolution qu'il prit de laisser passer la colère de l'Assemblée, quitte à profiter plus tard de la faute qu'elle allait commettre, est certainement une preuve de sa vigilante et habile persévérance.

En effet, c'était une faute grave de venir déposséder quatre millions de citoyens sans donner plus de forces aux électeurs que l'on maintenait. Si la loi contre le suffrage universel avait accompagné la restauration de la monarchie constitutionnelle et un changement complet de régime, sans doute elle aurait été utile, car elle aurait été acceptée ou refusée avec le reste ; mais elle n'était qu'un épisode dans un combat dont le vainqueur définitif ne devait être ni le royalisme, ni la République.

Aussi les ministres, pas plus que le futur empereur, ne partageaient les fureurs des députés. Déjà dans le secret des dieux, ils sentaient bien que, comme l'avait dit publiquement M. Félix Pyat, le président faisait l'intérim, qu'il avait un chapeau en attendant une couronne ; ils ne craignaient donc rien de ces turbulentes élections. Leur tiédeur engagea la majorité à demander au président pour le département de l'intérieur un ministre plus chaud et plus autorisé que M. Ferdinand Barrot. Le prince désigna M. Baroche. Orateur véhément, habile, encore plus réactionnaire que conservateur, il s'était dévoué, depuis mars 1848, à toutes les besognes hardies et même dangereuses contre les entreprises des rouges. Aussi ami de l'Élysée qu'ennemi du suffrage universel, il était d'ailleurs pressé de devenir ministre. Le 15 mars, cinq jours après les élections, il prenait donc le portefeuille de l'intérieur.

La majorité se mit à la besogne avec une noble ardeur.

Les événements marchaient avec une terrible rapidité. Si le parti conservateur s'était réveillé, le parti démagogique ne s'endormait pas.

Des lettres saisies à la frontière révélaient une communauté d'efforts entre toutes les démagogies européennes. A Londres, un comité composé des réfugiés de mai et juin 1848 et de juin 1849, s'était mis en relations presque quotidiennes avec le *Comité central démocratique de Paris,* qui, grisé par son triple succès électoral, rêva le succès à main armée. Le mot d'ordre était de séduire les soldats : « Nos frères de l'armée », comme disent encore aujourd'hui les journaux avancés, malgré cette sage opinion que j'ai relevée dans la préface de la *Conjuration des Égaux,* publiée en 1869, par M. Ranc, chez Lechevalier : « Quand l'autorité se dissout
» elle-même, quand le gouvernement perd
» la tête et se désorganise, il peut arriver,
» comme en 1848, que les soldats lèvent la
» crosse en l'air. Mais toutes les fois que le
» gouvernement ne s'abandonne pas lui-
» même, c'est duperie en France que d'es-
» pérer le contraire. »

Rien n'est plus vrai et M. Ranc a pu vérifier son dire dès le 4 septembre, où le gouvernement de l'Impératrice n'eut pas besoin de perdre la tête, et le 18 mars 1871 quand M. Thiers, par un ordre plus prudent que généreux, fit retirer sur Versailles les troupes de Paris.

Cependant, de 1849 à 1851, malgré la propagande hardie et incessante des comités révolutionnaires, jamais ils n'ont pu entamer l'armée. Il est vrai que pas un ministre de la guerre n'y prêta la main, que les généraux en activité et les chefs de corps se tenaient dignement et que tout ce qui portait l'épaulette se croyait engagé d'honneur à ne jamais pactiser avec le parti du désordre.

CHAPITRE VII

Manifestations bruyantes contre Louis Bonaparte, à Paris. — La catastrophe d'Angers. — Dix-sept balles. — La loi du 31 mai. — Ce qu'elle a produit. — Émeute prévue vaincue d'avance. — La misère des élyséens. — Les attaques contre la vie privée du président. — La loi Fould. — La rue de Poitiers refuse de l'argent. — Intervention du général Changarnier. — Coups d'État et révolutions.

La nomination de M. Baroche au ministère de l'intérieur était une certitude pour les rouges que les choses allaient être menées bon train. En effet, une grande commission parlementaire fut nommée et le projet de loi rédigé et présenté d'urgence.

Le populaire, peu au courant du dessous des cartes, s'en prit un instant au président. Jusqu'alors, il avait toujours été chaudement acclamé lorsqu'il se présentait devant les foules. Mais le 1er avril, lundi de Pâques, comme il allait à Vincennes passer en revue la garnison de cette forteresse, il fut assez froidement accueilli à la place du Trône par les ouvriers qu'attirait la foire au pain d'épice. Ce fut surtout à son retour — on avait eu tout le temps nécessaire pour monter la manifestation — qu'il fut salué par le cri de : « *Vive la République démocratique et sociale* », cri un peu long et qui dut essouffler les meneurs, car la police observa que les mêmes personnages avaient escorté, en courant, l'état-major présidentiel de Saint-Mandé au boulevard Saint-Martin.

Impassible sur son cheval, le prince Louis-Napoléon répondait par des sourires glacés aux quolibets de la foule. Mais, lorsque rentré au palais de l'Élysée, il apprit que le général Changarnier — qui l'avait précédé sur la même route — avait obtenu le même succès, il put en conclure que ce commencement d'impopularité était la récompense de sa soumission plus calculée que volontaire aux tendances de la majorité parlementaire. Il s'agissait donc pour lui de manœuvrer dans ce défilé étroit que rétrécissaient chaque jour les événements.

L'armée était de plus en plus travaillée. Il y avait eu une émeute à Cahors, où plusieurs sous-officiers de cavalerie s'étaient compromis, lorsque le 16 avril, le 11º léger, envoyé en Afrique — non par mesure de discipline, mais parce que son tour l'y appelait — fut victime d'un événement des plus douloureux. Son premier bataillon, arrivant à Angers, s'engagea, par un temps d'orage, sur le pont suspendu de la Basse-Chaîne et ne rompit point le pas, comme l'ordonnent les règlements militaires. Le tablier du pont s'affaissa tout à coup, et 221 officiers, sous-officiers et soldats furent noyés dans la Maine.

Bien que le 11ᵉ léger se fût très énergiquement conduit dans la répression de l'insurrection de juin, et que, quelques jours après, à Saumur, il dût encore réprimer vigoureusement une émeute, les journaux rouges affirmèrent qu'il était rempli de sous-officiers et de soldats socialistes, qu'on l'avait sacrifié. Pour bien peu, ils auraient ajouté que le général d'Hautpoul s'était introduit nuitamment dans les puits d'amarres pour scier les câbles du pont de la Basse-Chaîne. Le président, voulant réconforter l'armée, l'empêcher de donner dans le travers socialiste, saisit cette occasion pour aller porter des consolations à cet infortuné régiment qui, partout où il est allé depuis, en Afrique, sous les murs de Sébastopol, dans les plaines d'Italie, à l'armée de la Moselle et dans la citadelle de Bitche, a toujours porté haut et ferme les couleurs de la France.

Aux élections du 10 mars, Paris, on se le

rappelle, avait élu M. Vidal. Nommé en outre par le Bas-Rhin, il opta pour ce dernier département, afin de perpétuer dans la capitale l'agitation électorale qui avait si bien réussi pour le parti avancé. Cette fois la démagogie choisit pour candidat M. Eugène Sue, un romancier, fameux surtout par la publication des *Mystères de Paris*, dans le *Journal des Débats*, et du *Juif errant,* dans le *Constitutionnel;* et sur lequel l'attention était appelée dans le moment par la défense de jouer certaines de ses pièces en province, encore plus que par de mauvaises brochures à la fois socialistes et antisociales (*le Berger de Kravan*). Quant au parti conservateur, la rue de Poitiers — cette fois sans élection préparatoire, et de sa propre autorité — lui offrit un simple garde national nommé Leclerc, qui, ayant eu son fils aîné tué à ses côtés le premier jour de juin 1848, alla chercher le second pour venger son frère. Cet acte d'un brave homme, mal dramatisé, n'émut pas outre mesure le parti de l'ordre. Le Parisien, toujours loustic, donna même à M. Leclerc, qui ne méritait ni d'être candidat à la députation, ni d'être ridiculisé, le surnom fantastique de « dix-sept balles » — il paraît que le jeune Leclerc en avait reçu juste ce nombre. M. Eugène Sue — qui était resté tranquillement chez lui pendant l'émeute — fut élu par 127,812 voix contre 119,726 données à M. Leclerc.

La loi contre le suffrage universel fut déposée le 9 mai, discutée rapidement et promulguée le 21 du même mois.

Les courts débats qu'elle provoqua envenimèrent davantage les haines politiques qui divisaient la population. Pendant ce temps, le prince se tut complètement et fit le mort. On avait désiré sa coopération comme pouvoir public, bien qu'on pût s'en passer ; il l'octroya sans réprobation, ni sans approbation.

Comment M. Thiers, si habile dans l'art de tramer des toiles invisibles, s'était-il enferré publiquement jusqu'à la garde dans la loi du 31 mai ? Il est difficile de s'en rendre compte aujourd'hui. Il savait bien cependant l'histoire de la Révolution et il devait être certain qu'en politique on ne remonte jamais le chemin fait, sans fournir à ses adversaires le programme de le refaire à nouveau.

La loi du 31 mai 1850 fut une ineptie réactionnaire parce qu'elle irrita les socialistes sans les terrifier. Elle devait être accompagnée d'une révolution monarchique instantanée, d'un coup d'État de la rue de Poitiers, mettant le président à Vincennes et la France

7.

en état de siège ; mais il n'y avait pas de résolution dans les cerveaux parlementaires qui croyaient avoir tout fait lorsqu'ils avaient, à l'Assemblée, assommé, par quelques longs discours, les chefs du parti républicain. Il était question, parmi ces derniers, d'une prise d'armes formidable à l'occasion de la loi du 31 mai. Changarnier la désirait, espérant en profiter pour pêcher en eau trouble, mais elle avorta. A Paris, où le peuple était assez entraîné par deux succès électoraux rapidement enlevés, les chefs de groupes déclarèrent qu'ils ne pouvaient mettre en ligne plus de 2,000 combattants. Les proscriptions nombreuses, conséquences fatales de mai et juin 1848 et de juin 1849, privaient l'émeute de ses meilleurs soldats. En province, on s'était montré plus généreux dans les promesses de contingents insurrectionnels, mais finalement cette émeute trop préparée et que tout le monde annonçait comme une première à l'Opéra, se passa en conversation.

Le parti rouge agit sagement en ne remuant pas ; il aurait été exterminé sans rémission par l'armée. Les soldats commençaient à en avoir assez des fêtes, où les personnalités les plus malsaines de la garde nationale les entraînaient, les grisaient et les plaçaient dans le cas d'être envoyés le lendemain en Algérie.

Les adversaires du suffrage universel seront heureux d'apprendre que la loi du 31 mai fut pratiquée dans treize élections, au milieu de la plus grande indifférence; jamais l'abstention ne fut aussi en honneur. Ainsi, nous verrons dans la dernière élection, qui eut lieu à Paris, et dont le scrutin fut dépouillé dans la soirée du 1er décembre 1851, la veille du coup d'État, un tiers seulement des électeurs voter pour M. Devinck, qui n'avait pas de concurrent.

Mais le parti rouge se consolait en annonçant hautement que, si le premier dimanche de mai 1852 la loi de restriction n'était pas abolie, les électeurs déchus iraient renverser les urnes et proclameraient la Sociale.

Le prince avait donc lieu de se féliciter de n'avoir pas mis directement la main à l'œuvre. Il voulut qu'on le sût, car le *Constitutionnel* s'étant prononcé très énergiquement au cours de la discussion pour le maintien de l'universalité du suffrage, il adressa des remerciements au docteur Véron, qui les rendit publics.

C'était assez courageux, car dans ce moment même, il avait besoin de l'Assemblée pour une affaire des plus délicates.

J'ai dit que l'argent manquait à l'Élysée.

Un lourd passif s'était accumulé autour du président ; il avait non seulement à faire vivre sa famille, mais il lui fallait pourvoir aux dépenses de ses amis.

Parlons d'abord de ses amis. Par les misères des uns, on connaîtra celles des autres. Voici ce qu'on lit à la page 18 de l'*Intermédiaire* de 1877 :

« Les papiers secrets du second Empire parlent longuement (n° 7, page 24) de M. B... En 1849, il était chef du secrétariat de la présidence. Représentant du peuple en 1850, il louait, rue Matignon, 18, un appartement de 5,000 francs, dont le prince payait les contributions, mais dont lui, B..., ne payait pas les termes. Congé par huissier le 3 septembre... Il avait rédigé le *Napoléon*. »

Presque tous les aides de camp, familiers, etc., étaient logés à la même enseigne, et, sauf que le prince avait son domicile assuré par l'État, il vivait comme eux, dans les mêmes transes et les mêmes ennuis. L'élection du 10 décembre s'était faite à crédit ; on arrosait la dette avec l'espérance de l'Empire, mais il fallait vivre en attendant.

Quant à la famille, à l'exception de la princesse Mathilde, qui vécut toujours de ses propres ressources et aida souvent ses parents, tous les autres membres paraissent avoir visité le plus fréquemment possible les caisses de l'Élysée. Les Bonaparte pullulaient alors. L'oncle Jérôme avait les Invalides et venait d'être nommé, pour ses étrennes, maréchal de France le 1ᵉʳ janvier 1850. Le fils, aimé tendrement du futur empereur, passait son temps à tirer ce que l'on appelle des carottes, et à faire ce que l'on nomme des niches à son cousin. Le prince Canino, le fils de Lucien, retour de la République romaine, où il avait joué un rôle, suivait l'exemple de Jérôme. J'ignore si celui qui fut connu pendant l'Empire, sous le titre de prince Pierre, faisait aussi fond sur le prince Louis, mais je me rappelle qu'en 1849 il quitta l'Afrique, où il était chef de bataillon dans la légion étrangère, et rentra sans ordre en France, pour remplir son mandat de député. Cet acte le fit rayer des contrôles et amena à l'Assemblée une interpellation très aigre pour la famille du président et une réponse du général d'Hautpoul désagréable pour l'ex-commandant, qui resta bel et bien destitué, car il n'était officier qu'au titre étranger et par conséquent à la merci du ministre. Je passe sous silence — car je n'écris pas un pamphlet — les parentes éloignées qui occupèrent trop l'attention publique, mais j'affirme que jamais parent ou ami n'a fait alors en vain appel à la bourse du président et de l'empereur. Pour qu'il répondît non, il fallait qu'on l'eût trompé cent fois, qu'on l'eût abusé mille, et que non seulement il ne possédât pas un sou vaillant, mais qu'il fût aussi dans l'impossibilité cruelle de s'en procurer.

Ce qui faisait dans le haut monde politique bien plus de tort au président que sa misère, ses dettes et ses besoins, c'était les frasques des cousins voisinant dans l'état-major des rouges. Tous les mémoires et écrits du moment les représentent comme jouant des rôles doubles, ce qui n'était pas très honorable ; ils avaient un pied dans tous les complots, dans toutes les machinations, et jamais le prince ne les chassa absolument et résolument de son entourage, eux et leurs protégés, ni ne voulut leur fermer sa bourse.

Il y a, sur l'indulgence du prince Louis, des faits ignorés très probants. Ainsi, après le 13 juin 1849, sur la dénonciation d'un armurier du boulevard des Italiens, Changarnier avait fait arrêter un lieutenant d'infanterie qui, pendant l'ambassade du prince Jérôme fils, l'avait suivi en Espagne. Les actes reprochés à cet officier, jeune, porteur d'un nom célèbre dans les arts, fort instruit et d'un grand avenir — il est devenu depuis député et ministre sous l'Empire, — furent tels qu'on l'expédia en Afrique, avec ordre au gouverneur général de ne lui accorder, sous aucun prétexte, l'autorisation de revenir en France.

Plus tard, cette condescendance du prince faillit lui jouer de fort vilains tours. Au moment des tentatives de revision de la Constitution ayant pour but de permettre la prolongation de la présidence, il y eut un essai de compromis pour qu'il déclarât publiquement une rupture officielle avec les parents terribles. MM. Berryer, Thiers, et avec eux toute la rue de Poitiers, sachant bien que le prince ne céderait pas, disaient : « Lui, encore passe, mais sa famille jamais. » Plusieurs amis lui rappelèrent alors qu'aux termes du sénatus-consulte organique du 18 floréal an XII (18 mai 1804), Louis et sa descendance, à défaut de Joseph et de la sienne, pouvaient seuls succéder à l'empereur qui avait voulu expressément exclure Jérôme, Lucien et leurs enfants. On lui répétait de tous les côtés : « Faites comme lui et nous pourrons travailler pour vous avec plus de facilité. »

Cette opposition au roi Jérôme et à son fils se reproduisit vigoureusement après le coup d'État dans le sénat nouveau, lorsqu'on y discuta les sénatus-consultes des 7 novembre et 25 décembre 1852, rétablissant le gouvernement impérial. Le sénat refusait obstinément l'hérédité, non point pour entraver les désirs du chef de la dynastie napoléonienne et contaminer le pouvoir naissant, mais uniquement pour pouvoir ruiner le jérômisme. On n'arrivait point à s'entendre, les choses allaient même s'envenimer, lorsque M. Rouher, après avoir relu attentivement les constitutions impériales, introduisit des dispositions qui permirent de laisser la succession ouverte dans l'avenir, sans parler nominalement des princes de la famille. L'ex-roi et son fils s'en montrèrent furieux (1). C'est

(1) Voici la lettre qu'écrivit à ce sujet l'ex-roi Jérôme à son neveu :

« 6 novembre 1852.

» Monseigneur,

» L'hostilité d'une partie du sénat et les concessions acceptées par votre gouvernement me font prendre un parti dicté par une conviction profonde et par le soin de ma dignité. Je viens remettre entre vos mains ma démission de président du sénat.

» Les acclamations populaires dont vous avez été l'objet pendant votre voyage, les adresses des corps électifs et l'affluence des pétitions avaient créé à votre gouvernement le devoir de saisir le sénat de la grande question du rétablissement de l'empire.

» Le sénat convoqué, dix de ses membres ont signé une proposition ; avant de la soumettre à leurs collègues, ils en avaient

seulement dans la constitution de 1870, l'empereur ayant un fils âgé de quatorze ans, tout danger de successeurs indignes paraissant éloigné, que M. Emile Ollivier parvint à faire entrer nominativement le prince Napoléon (Joseph-Charles-Paul) et sa descendance dans l'hérédité au trône. Les défections et les dissidences qui se sont produites dans le parti bonapartiste depuis la mort du prince impérial ont donc, on le voit, des précédents historiques qui les rendent

arrêté le fond et la forme de concert avec Votre Altesse Impériale. C'était juste et sage.

» Je ne rappellerai pas avec quel soin cette proposition fut débattue par Votre Altesse Impériale, par les ministres et les membres du sénat; vous savez combien l'examen de toutes les questions soulevées par le projet de sénatus-consulte fut sérieux, long et approfondi. Le gouvernement fit connaître toute sa pensée et la soutint avec une conviction qu'il sut faire partager aux auteurs du projet. Ce projet puisait ses dispositions dans des sénatus-consultes de l'an XII et de 1806. Il reconstituait l'hérédité napoléonienne, telle qu'elle fut établie par l'empereur, et rattachait ainsi 1804 à 1852, en même temps qu'il fortifiait le principe de la dynastie napoléonienne, violemment brisée par les étrangers en 1815.

» Mais cela ne pouvait satisfaire les ennemis de notre cause. Les partisans des dynasties déchues, bien qu'honorés de votre confiance et comblés de vos faveurs, n'ont jamais renoncé à voir renaître le régime de leur prédilection. Ils devaient être hostiles à des dispositions qui assuraient la stabilité du nouvel ordre de choses et conspirer sourdement contre un acte dont, à leurs yeux, le plus grand défaut est de garantir l'avenir. Réunissant leurs efforts, ils parvinrent à faire nommer par le sénat une commission dont les membres sont pour la plupart opposés à votre dynastie.

» Le premier acte de cette commission fut d'exiger l'exten-

en quelque sorte légitimes. Beaucoup d'honnêtes gens se sont cru le droit de dire qu'il ne fallait pas se montrer plus bonapartiste que Napoléon Ier et Napoléon III.

Sans doute on avait déjà parlé de cette façon sous la présidence, lorsque le 4 janvier 1850, pour boucher les trous les plus gênants du déficit présidentiel, M. Achille Fould — qui était las, je crois, de faire des avances, toujours difficilement remboursées — présenta un projet de loi tendant à élever à trois millions par an les frais de représen-

sion de la faculté d'adoption en dehors des Bonaparte, la suppression de toute indication d'hérédité et le retrait de mon nom dans le plébiscite soumis au vote du peuple. Elle insista surtout pour que le principe d'hérédité qui reliait le passé à l'avenir fût remplacé par une disposition qui laissait à l'empereur seul le droit de désigner son successeur. Ces deux dernières modifications ont été acceptées par le gouvernement de Votre Altesse Impériale.

» La discussion n'a même pas été portée devant le sénat, et votre gouvernement a abandonné presque sans lutter un projet dicté par lui et sur le maintien duquel j'avais droit à compter.

» Dans cette situation, mon honneur et mes antécédents m'empêchent de concourir à l'établissement de l'empire sur des bases que je crois mauvaises. Je suis très heureux de m'effacer complètement, afin d'ôter jusqu'au moindre prétexte à ceux qui croient que le dernier frère de l'empereur et son fils sont des obstacles à la fondation du nouvel ordre de choses. Ces obstacles, ils disparaissent.

» Permettez-moi, monseigneur, avec la franchise que vous me connaissez, avec mes soixante-dix années d'expérience et la tendre affection que je vous porte, de vous dire toutes mes appréhensions en vous voyant céder à des hommes qui sont nos ennemis. »

tation de la présidence, frais de représentation dont les termes échus s'élevaient à 2,160,000 francs.

C'était bien peu pour satisfaire les appétits des parties prenantes.

C'était beaucoup trop pour la générosité de l'Assemblée.

Elle se fit donc tirer l'oreille. La commission qu'elle élut était tout imprégnée de l'esprit de résistance qui circulait à travers les royalistes et les républicains. Les journaux étaient pleins de plaisanteries faciles sur le champagne impayé qu'on buvait à la présidence et sur les saisies judiciaires opérées chez les Mamelucks de Strasbourg et les gardes du corps de Boulogne. A la façon dont on gouaille aujourd'hui la cupidité sordide du chef de l'État, on peut se faire une idée des épigrammes qui pleuvaient sur la prodigalité trop fastueuse du président d'alors. Ses chevaux étaient magnifiques, ses équipages somptueux, ses amours faciles et peu discrètes. Les bourgeois, qui introduisent si fréquemment sous le torchon des concubines dans le domicile conjugal, blâmaient le président de ses fredaines de célibataire; les gens d'esprit en riaient ouvertement, en lui recommandant tout bas plus de prudence et moins de fracas. Mais le peuple, dans son bon sens pratique, voulait qu'on ne marchandât point au chef du gouvernement l'argent, qu'il dépensait libéralement et qui servait d'exemple aux fonctionnaires, aux riches, aux heureux, en les poussant à la dépense.

M. Achille Fould mettait en avant un très beau thème : les services rendus au pays, au commerce, à l'industrie, le calme de la rue aidant, et le rétablissement du crédit. Et, en effet, le 5 0/0, tombé à 50 fr. en 1848, le 3 0/0 qui, à la même époque, avait fait 32 50, les actions de la Banque de France, réduites à la valeur de 950 fr., s'étaient relevés, en 1850, à 97 50 — 58 80 — 2,425 fr. C'étaient là des chiffres significatifs. En effet, si les très hauts cours, exagérés par les efforts de la spéculation, ne prouvent pas absolument la prospérité, les bas cours, surtout lorsqu'ils ne provoquent pas d'acheteurs, ont toujours été un témoignage de crise.

Toutefois, disons-le, 1850 ne fut pas une année de gêne; elle ne fut pas non plus une année de prospérité. Ce fut une année expectante.

Mais la rue de Poitiers, la grande tisseuse des trames contre la présidence, ne voulait absolument rien entendre, lorsqu'un homme de bon sens proposa un biais acceptable pour tous; pour le président d'abord, qui ne pouvait se passer de l'argent qu'il demandait, pour l'Assemblée ensuite, qui trop engagée dans la lutte ne pouvait céder sans une belle résistance. Il fut, d'un commun accord, décidé qu'un amendement interviendrait, accordant les 2 millions 160,000 francs, mais pour une fois seulement, comme *frais d'établissement* de la présidence. Il y avait cinq mois que les tiraillements duraient, la majorité hésitait encore et allait peut-être commettre une faute quand M. Thiers imagina de faire du général Changarnier le protecteur du prince — et de lui conseiller d'intervenir au milieu des débats, qui allaient enfin devenir publics.

Le général Changarnier avait beaucoup de peine à se tenir majestueusement à la tribune. Imperturbable au feu, il était pris de peurs d'enfant lorsqu'il devait parler à l'Assemblée. M. Thiers, son Égérie ordinaire, lui prépara une petite harangue qu'il lut proprement dans la séance du 24 juin.

M. de Kerdrel, un très honnête et très galant homme, voué probablement de naissance aux harangues paradoxales, dangereuses et inopportunes — venait d'envenimer le débat selon son habitude. Changarnier, en quelques mots, adjura les légitimistes de faire moins de tapage, de donner ce qu'on demandait et surtout de le donner sans phrases et sans réductions.

L'Assemblée comprit qu'elle n'était pas de force à se passer de l'homme nécessaire, elle lui vota ses frais d'établissement par 354 voix contre 308. Il était temps, la famine sévissait si dru à l'Élysée, que quarante-huit heures après le vote la loi fut promulguée. Elle sauva la situation — et le général Changarnier, devenu protecteur du pouvoir, redoubla d'outrecuidance.

A la sortie de la séance du lundi 24 juin, quelqu'un lui ayant demandé pourquoi il venait de fournir des cartouches au futur coup d'État, il répliqua fièrement :

« Dans les questions de gros sous, je ne discute jamais, je donne. Mais dans les questions de temps, c'est tout le contraire. Sachez, qu'eût-il un milliard à sa disposition, moi vivant, il n'aura pas une seconde de plus que ne lui accorde la Constitution ! »

Les affaires d'argent — dont il faut parler franchement, car elles étaient le côté douloureux de cette époque — ne furent point éteintes par ce vote difficile, arraché par la complaisance inexpliquée du plus grand ennemi du prince. Nous allons les retrouver, en 1851, plus impérieuses encore qu'en 1850. Louis-Napoléon ignorait la valeur de l'argent. La France était sortie irrévocablement de ces époques où la comptabilité seule de l'État permettait aux princes, aux généraux d'armée, aux grands dignitaires de se procurer de l'argent, d'édifier des fortunes considérables : simplement en puisant à pleines mains dans les ressources du pays ou de la conquête. Ce qu'il a fallu à Louis-Napoléon de patience, de génie, d'art de promettre pour se faire, sans argent, un parti actif, c'est merveilleux. Il est vrai qu'il s'appelait Napoléon et qu'on croyait à sa chance.

S'il se fût nommé autrement, il aurait été forcé de payer comptant. Avec dix millions il aurait pu acheter les élus du suffrage universel; aujourd'hui cela coûterait peut-être un peu plus cher. Cependant dans les temps de révolution, quand le pouvoir est mal assis, quand ceux qui représentent le pays ne constituent pas son élite, il est toujours possible de calculer ce que coûte une révolution pacifique et de la faire triompher. Un prince riche, honorable, audacieux, n'a jamais complètement perdu la partie sous une légalité vénale. Mais l'argent ne suffit pas, il faut de l'audace, du tempérament, des partisans avisés, des collaborateurs de talent n'ayant rien à perdre et ayant leur fortune à faire.

Un coup d'État n'est pas plus propre qu'une révolution; mais il n'est guère plus difficile à réussir quand la situation y est.

CHAPITRE VIII

« Mossou Baze ». — Nomination de la commission de permanence. — Les voyages des royalistes. — La mort de Louis-Philippe. — Le manifeste orléaniste. — Opinion de Louis-Napoléon sur les divers partis. — Les gourdins de la Société du 10 Décembre à la gare Saint-Lazare.

Un incident assez grotesque marqua les derniers jours de la session et montra encore l'animosité des Burgraves contre la présidence. Après le vote des subsides l'Assemblée décida qu'elle avait assez fait et comme elle siégeait presque assidûment depuis quinze mois, elle s'accorda des vacances du 11 août au 11 novembre 1850. Mais avant, M. Baze — qu'on appelait déjà « Mossou Baze » et que ni la proscription du 2 Décembre, ni un long exil n'ont pu rendre sympathique — M. Baze interpella le ministère au sujet d'un article du journal *le Pouvoir* — feuille amie de l'Élysée et subventionnée par lui — où la Législative, à propos du rétablissement du timbre, était habillée de la belle manière.

L'Assemblée cita le 18 juillet à sa barre M. Lamartinière et le condamna à 5,000 francs d'amende. Ces sortes de condamnations — j'en sais quelque chose — ne protègent jamais un corps délibérant. Lorsqu'il est tombé assez bas pour qu'un journaliste lui dise en face de dures vérités, le mieux qu'il ait à faire, c'est d'avoir l'air d'ignorer qu'il a été offensé. Mais M. Baze était l'enfant terrible de la rue de Poitiers.

En se séparant, l'Assemblée voulut paraître effrayée du vide qu'allait causer dans l'État son absence prolongée; elle inventa la commission de permanence qui devait immédiatement la convoquer si quelque danger imprévu ou si quelque symptôme grave lui paraissait de nature à menacer la République. C'était mettre en échec la présidence; c'était dire au public qu'elle était en tutelle et qu'entre les mains de l'Assemblée le prince n'était qu'un joujou. On en fit donc grand bruit de cette commission de permanence et on la représenta tout d'abord comme très redoutable.

Je ne connais pas d'institution plus bouffonne et qui se soit plus couverte de ridicule.

La liste des hauts personnages chargés alors de *protéger la République* est d'un haut comique. Composée du bureau de l'Assemblée et de vingt-cinq membres qu'on mit trois jours à élire au scrutin de liste, elle renfermait à peine quatre républicains constitutionnels et deux amis honteux de l'Élysée, égarés au milieu de la fine fleur de la rue de Poitiers et du faubourg Saint-Germain.

Il est assez amusant de la relire aujourd'hui; la voici :

M. Dupin, *président* de l'Assemblée ; MM. le comte Daru, le général Bedeau, Benoist d'Azy, Léon Faucher, *vice-présidents ;* Arnaud (de l'Ariège), Lacaze, Peupin, Chapot, Bérard, de Hœckeren, *secrétaires;* le général Le Flô, Baze, de Planat, *questeurs.*

Puis venaient MM. Odilon Barrot, Jules de Lasteyrie, Monet, les généraux de Saint-Priest, Changarnier, de Lauriston, de Lamoricière, Rulhières, MM. d'Olivier, Berryer, Nettement, Molé, Beugnot, de Mornay, de Montebello, de Lespinasse, Creton, Vesin, Leo de Laborde, Casimir Perier, de Crouseilhes, Druet-Desvaux, Combarel de Leyval, Garnon, Chambolle. Plus tard, quelques-uns de ces robustes *inquisiteurs d'État* — ainsi les nommèrent les journaux républicains eux-mêmes — après avoir passé la soirée du 2 Décembre 1851 à la caserne du quai d'Orsay, allèrent échouer leurs convictions sur les bancs du sénat impérial. La volonté du peuple les avait sans doute relevés de leur faction autour de la jeune République.

M. Thiers, toujours désireux de faire tirer par les autres les marrons du feu, sous prétexte de voyage, s'était excusé de faire partie de ce sénat au petit pied.

En ce moment, M. Thiers jouait au fin. Il protégeait le prince de crainte que la présidence ne s'écroulât avec le président. Il détestait profondément les légitimistes, car il sentait qu'il n'imposerait jamais sa loi à tous ces hommes chez lesquels la foi politique et la foi religieuse soutenaient une fidélité inébranlable. Et au fond, il ne voulait pas se commettre avec des gens dont il réprouvait les doctrines finales, mais qu'il espérait jouer par quelque culbute habile.

L'air était d'ailleurs chargé de miasmes réactionnaires; la fameuse *campagne de Rome à l'intérieur* se continuait. Les derniers fonctionnaires républicains tombaient comme des capucins de carte; mais les ministres du prince en leur choisissant des remplaçants leur donnaient pour instruction verbale le dévouement absolu à la cause du président, qui, dans la pratique, se séparait de plus en plus de la cause de l'Assemblée.

Les orléanistes et les légitimistes avaient

décidé qu'ils iraient — chacun dans son camp — se retremper au contact de leurs rois, comme pour bien démontrer à Louis-Napoléon que, quoi qu'il fît, si grandes que fussent sa popularité, sa sagesse et sa possibilité, ils ne voulaient pas de lui. Chacun affirma donc sa croyance, chacun alla crier : Vive le Roi! selon son droit, son goût et son caprice; mais en même temps tous prétendirent défendre de crier: « Vive l'Empereur! » c'est à peine s'ils toléraient qu'on criât: « Vive la République! » J'ai vu alors de mes propres yeux arrêter et mettre au poste un citoyen à longue barbe qui s'obstinait à crier : Vive la République! sur le passage des représentants se rendant par la place Bourgogne à la salle des séances. Ce fut grâce à l'intervention d'un député bonapartiste — M. Berard, je crois — qu'il fut relâché une heure après.

Il faut, pour bien les juger, avoir assisté à ces faits étant assez jeune pour n'être point lié par des engagements politiques et cependant assez mûr pour ne point en être étourdi. J'étais dans cette situation, et de plus, par des fonctions administratives plus étendues qu'importantes, j'étais en mesure de suivre et de contrôler les événements. Or, je me souviens parfaitement qu'à cette époque tout

8.

le petit monde désirait et entrevoyait l'Empire, tandis que dans tous les hauts mondes politiques on voyait la porte de Mazas se refermer sur les espérances de Louis-Napoléon.

C'était là l'opinion du moment.

Le petit peuple disait : « Il fera son coup pendant la prorogation. »

Les politiques répondaient : « Il va se compromettre, et nous le coffrerons. »

Voilà comme on pensait, lorsque de gros incidents vinrent distraire l'attention publique et modifier cette croyance générale et éternelle, que les affaires vont toujours bien lorsque le Parlement est absent.

Le prince, une fois l'Assemblée en vacances, avait recommencé ses voyages. Il avait divisé en deux séries ceux de 1850.

Il commença par Lyon, puis il alla à Cherbourg.

On n'a pas oublié la ridicule échauffourée du 13 juin 1849 ; elle s'était terminée, le 15 novembre de la même année, devant la Haute Cour de Versailles par des condamnations trop sévères pour quelques-uns des accusés. Si l'on considère les faits avec sang-froid, certaines de ces condamnations parurent même odieuses, surtout lorsqu'on les rapprochait des déclarations fort vantardes et très peu précises des témoins. Dans le public, on aurait voulu plus d'indulgence lors du jugement et après, des grâces largement accordées; le président y accédait, mais la loi était formelle; constitutionnellement, les condamnés de la Haute Cour ne pouvait être graciés que par l'Assemblée et par une loi.

Le président aurait voulu, comme toujours, s'en expliquer publiquement, lorsqu'au village de Fixin, près Dijon, un ancien officier, M. Noizot, qui avait élevé un monument à la mémoire de Napoléon Ier, lui en fournit l'occasion, en lui demandant — inopinément, selon les uns, d'accord avec lui, affirment les autres — la grâce du colonel Guinard.

Le prince, avec une véhémence en dehors de ses habitudes, répliqua par la lettre même de la Constitution et termina son discours par cette phrase assez caractéristique si elle était improvisée véritablement :

« Ne venez donc pas me demander pourquoi je n'ai pas fait ce que je ne pouvais pas faire sans violer la loi. Que l'Assemblée prononce et je saurai faire exécuter et respecter sa décision. »

L'ex-empereur — et il faut en cela admirer sa bonne fortune — a toujours rencontré, au moment où cela lui etait nécessaire, un ami, un parent ou un inconnu qui lui a permis de répondre opportunément à une idée latente. L'art de profiter des occasions et au besoin de les faire naître est encore une des branches de l'éducation des princes, qui paraît faire complètement défaut à ceux qui nous restent. Mais, en cette circonstance, on apprit que l'amnistie pouvait sortir de l'Empire.

A Lyon, le 15 août, dans un discours excessivement adroit, il pose la question de la prolongation de ses pouvoirs qu'il est prêt à accepter, aussi bien qu'à rentrer dans le rang des simples citoyens.

Ce fut dans ce voyage qu'à Besançon ayant voulu visiter un bal populaire avant de se rendre à celui que lui offraient les autorités, il fut entouré et bousculé par quelques mauvais garnements. Ses officiers mirent l'épée à la main et le dégagèrent. Cette petite aventure, revenant-bon de tous les gouvernements qui rassurent les bons citoyens et effrayent les mauvais, ne nuisit en aucune façon à sa popularité.

Le 23 août il était de retour à Paris; le 27, le télégraphe lui apporta la nouvelle de la mort de Louis-Philippe à Claremont. Ce souverain, il faut le constater, avait laissé un souvenir profond dans la mémoire des

Français. A la popularité bruyante qu'il avait conquise en 1830 et 1831 avait succédé, il est vrai, une sorte d'estime sans enthousiasme, mais tous la lui accordaient, sauf les légitimistes, dont il avait trahi les espérances, et les républicains, à qui il avait barré le chemin. Or, en 1848, le parti légitimiste comptait à peine cinq cent mille adhérents, la République n'en avait pas la moitié. On peut donc dire que la mort de ce roi fut un deuil pour la France.

Quelques jours après, on apprenait qu'à Frohsdorff le comte de Chambord avait fait célébrer un service religieux pour le repos de l'âme de son cousin, et y avait assisté avec toute sa Maison.

Les orléanistes avaient intérêt à voir dans cette démarche plus qu'une politesse de parent respectueux des convenances familiales.

L'origine de la fusion remonte évidemment à cette messe. Il n'y a pas de petites causes en politique.

La visite de MM. Thiers (1), de Broglie et

---

(1) Le roi n'avait jamais aimé M. Thiers, malgré les services rendus en 1830. On sait qu'une veille de Noël, M. Vatout ayant conseillé au roi, en badinant, de mettre ses souliers dans la cheminée, Louis-Philippe répondit vivement:

« Non pas, j'y trouverais demain M. Thiers. »

Lorsque après la révolution le roi revit M. Thiers pour la

Molé à Claremont n'avait produit aucun éclat; celle de MM. de Saint-Priest, Berryer, de la Rochejacquelein à Wiesbaden, avec un certain nombre de personnages de marque, avait engendré des polémiques intestines. Il en était sorti une résolution — résolution théorique, il est vrai — qui permettait toutefois au parti légitimiste de prendre une attitude expectante, inactive, mais pleine de noblesse et de solennité : chose importante lorsqu'on n'a point de moyens d'action efficaces à mettre en mouvement.

Cette attitude pouvait être définie par cette phrase de la circulaire de M. de Barthélemy, adressée à tous ses amis de France :

M. le comte de Chambord a formellement condamné le système de l'appel au peuple, comme impliquant la négation du grand principe national de l'hérédité monarchique.

De la mort de Louis-Philippe, du parti orléaniste, naturellement pas un mot; mais cinq mandataires en France y sont nommés :

première fois, les petits journaux d'alors racontèrent que la première parole de Louis-Philippe fut:
« Bonjour, monsieur Thiers, comment vont vos dames? »
On fit de fort jolis quolibets sur ce pluriel ; mais il paraît certain que le roi ne s'ouvrit pas à son ministre sur ses projets d'avenir. Il avait percé à jour l'égoïsme radical du petit homme qui n'a jamais été orléaniste, mais toujours thiériste enragé.

MM. le duc de Lévis, le général de Saint-Priest, Berryer, *représentants du peuple*, le marquis de Pastoret (1) et le duc des Cars représenteront désormais le roi.

C'était logique, c'était net, cela éloignait peut-être toute idée concrète de solution pratique, mais le roi, son principe et sa cause étaient dégagés de toute discussion. Lorsque après avoir lu et médité la circulaire de Barthélemy, le prince-président s'en entretint avec M. de Kisseleff, ministre de Russie en France, il lui dit :

« Les légitimistes forment un parti de foi, une église. Je ne les aurai jamais, je le sais. Mais pourquoi les orléanistes ne viendraient-ils pas à moi ? Je suis plus près d'eux que le comte de Chambord, qui ne les accueillera jamais, tandis que moi, je les attends. »

Louis-Napoléon savait bien que le lendemain du succès, il décimerait par la faveur les résistances et les oppositions. M. de Persigny, le plus intelligent et le plus audacieux de ses négociateurs, lui avait indiqué les gens qui, après une honnête façon, se résigneraient avec joie. Je l'ai dit ailleurs, on ne se fait pas homme politique pour être de gaieté

---

(1) M. le marquis de Pastoret a été depuis sénateur sous l'empire. Les sénats sont faits pour donner asile à toutes les désillusions et à toutes les défections.

de cœur éternellement du parti des vaincus.

N'avons-nous pas vu, deux ans avant la fin de l'Empire, de soi-disant républicains, lassés d'attendre la République que dans leur impatience ils ne voyaient pas venir, se rapprocher de l'Empereur en disant que les intérêts de leurs convictions devaient passer avant les convictions de leur parti ? Mais le prince se trompait en ce qui concernait la petite phalange des parlementaires, auxquels la République avait laissé l'emploi de leur faconde et le placement de leur importance. Ils savaient trop que l'Empire, ce serait le silence aux parleurs.

Où le prince voyait juste, c'est lorsqu'il se refusait à reconnaître une organisation militante dans le parti orléaniste et à croire à l'étendue de l'organisation du parti légitimiste. Cette dernière, toute de surface, ne descendait point dans les couches inférieures de la nation ; mais partout on rencontrait alors un comité ou un délégué légitimiste luttant courageusement contre le parti républicain et contre le parti du président.

La fusion allait encore atténuer l'importance des orléanistes, sans donner toutefois un surcroît de force aux légitimistes.

Le prince était parti le 28 août pour l'ouest et la Normandie. Ses succès personnels y furent panachés cette fois des cris : « Vive la République ! vive la Constitution ! » qui s'adressaient autant à lui qu'à la commission de permanence, avec laquelle la démagogie disait qu'il faisait cause commune. Cependant à Cherbourg, ses partisans prirent le dessus, l'émotion gagna la population, et le prince, se sentant dans un milieu sympathique et dévoué, prononça une harangue où l'on put trouver la réponse du napoléonisme au manifeste légitimiste.

Comme il descendait, le 13 septembre, à la gare Saint-Lazare, revenant enchanté de son voyage, il fut accueilli par une bruyante démonstration que lui avaient préparée les membres de la Société du 10 Décembre.

Tout ce que Paris renfermait de *Ratapoils*, de *Casmajous*, l'élite des *Décembraillards* — on leur décerna le lendemain ce nom bien trouvé — s'était donné rendez-vous rue et place du Havre pour faire, gourdin en main, de la propagande en faveur du futur empereur. Il faut ajouter que depuis la manifestation socialiste de la foire au pain d'épices, les républicains ne manquaient pas de régaler le prince, dans ses promenades à travers Paris, de sifflets et de cris peu agréables. La soirée du 13 septembre doit donc être considérée comme une rencontre à cannes levées, entre les manifestants républicains et les manifestants bonapartistes. On s'y frotta sérieusement les reins ; il y eut des combats singuliers ; cela dura deux heures ; il fallut même que des patrouilles nombreuses vinssent rétablir l'ordre. Le plus déplorable, c'est que des curieux furent éclaboussés dans la bousculade.

Le lendemain les journaux républicains et royalistes firent naturellement grand tapage autour de ce fait divers : les républicains pour crier au meurtre ! les royalistes pour faire assez spirituellement remarquer que la Société fraternelle du 10 Décembre distribuait de singuliers secours. L'affaire en serait restée là sans la commission de permanence qui, n'ayant rien à mettre sous sa surveillance, imagina d'évoquer l'affaire. Les incidents burlesques ne viennent jamais isolément.

A peine de retour à Paris, le prince avait commencé à passer en revue à Satory les diverses divisions de l'armée de Paris, où des régiments avaient crié : Vive l'empereur ! d'autres : Vive le président ! d'autres aussi n'avaient rien crié du tout. La commission de permanence crut devoir donner à cette affaire une importance telle que pendant trois mois on ne parla que de cela.

Enfin le commissaire de police attaché à

l'Assemblée nationale avait découvert un complot contre la vie de M. Dupin qui se tramait au fond de l'arrière-boutique d'un épicier, dans le voisinage de l'Élysée.

Tout cela amusait beaucoup l'opinion et permit au prince de commencer ce qu'il n'aurait jamais pu faire, s'il avait eu devant lui des adversaires plus calmes : la conquête de l'armée, de l'armée sans laquelle rien n'était possible. Le général Changarnier, bien que placé très près, se méprit sur le but des revues de Satory. Il crut à des intrigues assez étroites entre le président et quelques chefs de corps, alors que tout simplement le chef de l'État voulait habituer les soldats à le voir venir parmi eux, s'enquérir de leurs besoins et leur remettre des récompenses.

Le coup d'État militaire fut préparé trois fois :

La première en avril 1849 par le général Changarnier, dans le simple but de montrer à la présidence et à la nouvelle Assemblée qu'il était absolument leur maître ;

La seconde à l'époque où nous sommes arrivés, encore par Changarnier, contre le prince président et en faveur de la rue de Poitiers ;

La troisième et la bonne par le futur maréchal Le Roy Saint-Arnaud.

En dehors de ces trois préparations rien n'a été fait, tenté, espéré; on peut consulter tous les livrets d'état-major et d'emplacements des troupes et l'on verra que les trois époques que je signale correspondent à des mutations significatives.

CHAPITRE IX

Un faux message. — Thomas Diafoirus. — Le complot des Tuileries. — Ce polisson de M... — M. de Persigny trouve un ministre de la guerre. — Le général Regnault de Saint-Jean d'Angély et le général Baraguay d'Hilliers. — L'*Empire est fait.*

L'année 1850 se termina au milieu de clabauderies sans nombre, qu'avait soulevées la commission de permanence par la solennité qu'elle avait mise dans ses inutiles fonctions. Les plus agités de cette commission annonçaient l'intention de pousser le scandale jusqu'aux dernières limites. Pour essayer d'y couper court, le président avait tenté, au moment de la réouverture de la session, de condenser dans un message prudent toutes les raisons qui conseillaient de maintenir la paix jusqu'à ce que la revision fût possible. La Constitution (art. 111) la permettait pendant la dernière année de la législature. Mais — tant les procédés gouvernementaux s'usent vite en France — on n'attachait plus qu'une importance secondaire aux messages. D'ailleurs le succès de cette nouvelle manifestation présidentielle avait été escompté à l'avance par une plaisanterie de *haulte gresse* de M. Émile de Girardin ; plaisanterie renouvelée souvent depuis et toujours avec un énorme succès.

La veille du message, M. de Girardin en fit paraître un, dans la *Presse*, composé de centons démagogiques arrachés un à un des œuvres de Louis-Napoléon. Ce faux message — on est très gobeur à Paris — fut pris comme vrai ; la rente baissa, une panique énorme s'ensuivit. M. Nefftzer, gérant du journal, paya les pots cassés d'une année de prison et de 2,000 francs d'amende qui lui furent infligés le 18 novembre. Mais cette réédition piquante des opinions ultra-socialistes de la jeunesse du prince laissa dans quelques esprits une impression fâcheuse. M. de Girardin n'a jamais pu faire respecter les pouvoirs qu'il défendait, mais il a toujours bien su dénigrer ceux qu'il attaquait. Homme de colère et de venin, sans convictions profondes, sans chaleur dans l'âme, il n'a été toute sa vie qu'un dissolvant.

Mais ce n'était là qu'un grain de sable dans la turbine où s'agitaient les partis.

Au moment même où le prince président

s'efforçait de les pacifier, une nouvelle incartade du prince de la Montagne vint découvrir le cabinet qui ne battait que d'une aile et d'une aile à moitié brisée. Le 3 janvier, le prince Jérôme-Napoléon dénonce à la tribune un soi-disant ordre du jour adressé par le général Changarnier aux troupes, ordre du jour qui offensait la dignité parlementaire. Avec un grand renfort de déclarations démagogiques, il demanda des explications au ministère. Pris à l'improviste, MM. Baroche et le général Schramm — il venait de remplacer le général d'Hautpoul à la guerre — prièrent la Chambre de remettre les explications au surlendemain. Mais Changarnier, qui brûlait d'envie d'humilier les ministres, se déclara prêt à répondre pour eux et démontra facilement que la pièce en question remontait à des temps si lointains, qu'on pouvait admettre qu'elle n'avait jamais existé. Cette façon de se substituer au ministère responsable était, de la part d'un agent irresponsable et subordonné au pouvoir exécutif, un soufflet donné au cabinet.

A la suite d'un ordre du jour pur et simple voté contre lui, et de la résolution prise par l'Assemblée de pourvoir d'urgence à sa sûreté par des mesures extraordinaires, le ministère tout entier donna sa démission.

On le voit, huit mois avant la proposition des questeurs, le prince Jérôme-Napoléon, par une indiscrète démarche, soulevait la question d'où devait sortir la nécessité immédiate d'un coup d'État, alors bien loin de la pensée de son cousin.

En se retirant, le ministère laissait donc à son successeur l'obligation de casser aux gages le général Changarnier. Il n'était plus possible de gouverner avec ce turbulent auxiliaire. Depuis qu'il avait fait donner deux millions au prince, son insolence ne connaissait plus de bornes.

Un jour qu'il avait été mandé à l'Élysée pour rendre compte du plan qu'il avait arrêté en cas d'une levée de boucliers des rouges, et comme le prince était sorti un instant du Conseil, il se leva à demi sur son siège, et regardant fièrement les ministres, en désignant du doigt la porte par laquelle le président venait de sortir, il s'était écrié mélodramatiquement :

« Oui, j'ai un plan ; mais ce n'est pas de mettre sur le trône ce Thomas Diafoirus. »

Cette outrecuidance avait donné l'éveil et l'on s'était vite aperçu que les Tuileries étaient l'asile de tous les mécontents monarchiques, de tous les faiseurs de projets contre l'Élysée. De fait le général avait l'air devant

M. Thiers et ses amis, de vouloir un triumvirat, et lorsqu'il était seul il convoitait la dictature. Dans les temps de crise, comme tout est possible, tout peut être rêvé. MM. Laffitte et de La Fayette ont bien cru le premier jour de la Révolution de 1830 qu'ils seraient triumvirs ; Changarnier, Thiers et mille autres pouvaient bien croire, à la fin de l'année 1850, qu'ils seraient directeurs ou dictateurs.

Lorsque dans les dernières années de sa vie, on mettait le général sur le chapitre de 1850 et de 1851, il était très prolixe mais peu net. Le besoin de placer sa personnalité au-dessus des autres l'amenait à des demi-confidences dans lesquelles M. Thiers n'était pas ménagé, et je lui ai entendu raconter certains faits qui donnent raison à ce que M. Rouher, lui, disait carrément des conspirations ourdies aux Tuileries par les Burgraves civils et militaires de la rue de Poitiers.

Vers la fin de novembre, escomptant l'agitation qu'ils fomentaient, ces messieurs auraient arrêté les principales conditions d'un coup d'État. Le prince naturellement était coffré nuitamment à Vincennes, en attendant qu'on l'expédiât à l'étranger ; deux généraux de brigade fort populaires dans l'armée, et devenus depuis tous deux maréchaux de France, étaient désignés pour entraîner les régiments et contenir les faubourgs. Mais dans ce plan, on comptait formellement sur l'adhésion ou la soumission de la représentation nationale; on se figurait que la majorité satisfaite laisserait faire. C'est toujours le : « Une voix de majorité et la France suivra! » Les parlementaires dans leurs calculs font trop abstraction de leurs adversaires, du peuple et de ce qui, depuis 1789, a tant de fois changé le gouvernement, malgré les majorités parlementaires.

Le prince fut informé, dès le lendemain matin, du projet Changarnier-Thiers; il ne s'en montra pas surpris; il savait qu'outre cette conspiration commune, chacun de ces personnages en caressait une personnelle. Mais pour éventer tout à fait leurs mèches à moitié mouillées, il raconta l'affaire à plusieurs personnes chargées de la colporter dans les couloirs de l'Assemblée.

M. Thiers ne nia point. Seulement, appliquant à M. Molé le qualificatif dont les romantiques de 1830 avaient flétri le tendre Racine, il se contenta de répliquer :

« C'est ce p..... de Molé qui a commis l'indiscrétion. »

Entre le récit très affirmatif de M. Rouher

et des demi-confidences du général Changarnier, il n'y a pas, je crois, de doute possible. Le prince n'en avait pas et cherchait le ministre qui consentirait à signer la destitution de Changarnier. Tous les généraux ses collègues refusaient, et je dirai même, à leur gloire, que le sentiment qui les inspirait était bon. En 1848, il avait fallu recourir à la plume du grand astronome Arago pour mutiler l'état-major ; en 1850, tous les généraux voyaient dans Changarnier la représentation effective de l'ordre, maintenu fièrement l'épée à la main ; ils ne voulaient pas porter, eux ses défenseurs, une main profane sur les pouvoirs de la plus haute personnalité militaire ; cela peut paraître extraordinaire aujourd'hui ; alors, ce n'était que naturel.

Changarnier était-il donc « indévissable ? » C'était l'expression dont on se servait à son état-major.

On commençait à le croire à l'Élysée et le cabinet nouveau ne pouvait se former, quand M. de Persigny, se rendant à l'Assemblée, rencontra par hasard le général Regnault de Saint-Jean-d'Angely sur le pont de la Concorde. Saisi d'une heureuse inspiration, il prend le général sous le bras et lui annonce sa nomination à la guerre, car on est bien certain à l'Élysée, dit-il, qu'il signera le décret qui occupe en ce moment toutes les conversations. Le général Regnault de Saint-Jean-d'Angely était l'homme du moment. Très brave militaire, très dévoué à la famille Bonaparte, il pouvait affronter mieux qu'un autre, les difficultés politiques, car sa carrière avait été traversée par les révolutions. De plus, il avait joué un rôle actif dans l'opposition de 1815 à 1827 et devait considérer dans le général Changarnier, bien plus l'adversaire et l'obstacle de son opinion personnelle que le collègue parlementaire et le chef d'armée défenseur de l'ordre. Il pouvait donc accepter et il accepta. Heureusement pour M. de Persigny, qui ne savait comment exploiter sa bonne fortune, M. de Morny passait dans sa voiture ; il l'arrêta, le mit au courant de la situation et l'envoya annoncer à l'Élysée que le général introuvable était trouvé et qu'il l'amenait.

La puissance de Changarnier était terminée.

Le lendemain, le *Moniteur* enregistrait sa déchéance, et, en même temps, le cabinet dans lequel MM. Drouin de Lhuys, Ducos, Magne et Bonjean, venaient joindre leur autorité à celle de MM. Rouher, Baroche, de Parieu et Fould, ministres sortants, qui reprenaient leurs portefeuilles.

Le coup fut rude à la rue de Poitiers; on s'y crut mort. Elle perdait du coup son général, son armée, et la possibilité de fourrer le président à Vincennes.

C'était une décapitation, et on n'avait rien pour s'y opposer. Un moment M. Thiers pensa que le coup d'État allait être fait. Il pouvait désormais se faire, voilà tout. Mais le prince n'y songeait pas encore, il croyait toujours, et malgré tout, à la possibilité d'une solution pacifique.

Aussi, ne donna-t-il point tout de suite à Changarnier le successeur dévoué à ses desseins définitifs. Le général Baraguay d'Hilliers placé à la tête de l'armée de Paris, tandis que le commandement de la garde nationale — qui en était distrait — fut donné au général Perrot, était avant tout d'une droiture absolue; mais très personnel et doué du caractère le plus entier qu'on puisse imaginer. Sa longue existence — qu'il a abrégée cependant pour mettre un terme à des souffrances devenues intolérables — ne fut point absolument gaie; privé dès l'âge de vingt ans d'un bras coupé par un boulet, couvert de rhumatismes, il était aussi dur pour lui-même que pour les autres. Mais les jours où il souffrait, il était inabordable.

Pendant la campagne de 1859 — qu'il a

faite, une jambe emprisonnée dans un appareil au collodion — son corps d'armée avait reçu des soldats le surnom de *Brutal.* Du reste les soldats en avaient donné un à chacun des autres corps et des plus caractéristiques si on les rapproche du nom et des qualités de leurs chefs : le 2ᵉ (Mac-Mahon) s'appelait *la Victoire ;* le 3ᵉ (Canrobert) *le Conservatoire des pères de famille;* le 4ᵉ (Niel) *x—x=0* et le 5ᵉ (le prince Napoléon) *la Cinquième roue* ou *politique et militaire.* Ces petites plaisanteries peignent souvent mieux les gens que les portraits en pied.

Malgré sa réputation de brutalité, le général Baraguay d'Hilliers fut bien accepté de l'armée ; elle se sentait comme délivrée de la tyrannie politique de Changarnier.

Les funérailles parlementaires de ce dernier furent magnifiques ; les Burgraves étranglèrent sur sa tombe le cabinet de résolution tout entier.

La lutte fut des plus animées.

Il ne s'agissait pas uniquement de tuer le cabinet, il fallait le tuer avec perfidie, le tuer en outrageant la présidence. Le débat s'établit en apparence sur les résolutions que l'Assemblée voulait soi-disant prendre pour sa sécurité personnelle, mais en réalité sur les agissements de la présidence pendant les vacances parlementaires. Le rapporteur de la commission des résolutions — M. de Lanjuinais, — homme spirituel et plein de convenances, n'avait fait qu'indiquer les nuances. M. de Lasteyrie, celui qu'on appelait Lasteyrie *cornet*, à cause de son instrument acoustique et par opposition à son frère que son abat-jour vert faisait surnommer Lasteyrie *quinquet*, M. de Lasteyrie mit les pieds dans le plat, et avec cet atticisme parlementaire, qui est le seul courage du centre gauche, provoqua les colères de toute l'Assemblée.

M. Baroche, pour se venger, exigea l'impression des procès-verbaux de la commission de permanence, et ce monument de l'inepte suffisance des séides de la rue de Poitiers fut enfin connu du public.

Dès lors l'opinion fut fixée ; le ministère était tué, mais la commission de permanence était jugée.

On sut que sur le rapport d'un sieur Yon, commissaire de police du genre comique, attaché à l'Assemblée nationale, la commission avait cru que son président allait être assassiné par sept épiciers des alentours de l'Élysée. Cela disposa assez bien les représentants, et ils se montrèrent coulants sur la Société du 10 Décembre, dont M. Baroche leur annonçait la dissolution.

La Société du 10 Décembre, dont on s'est beaucoup trop moqué, avait alors son importance. Organisée à peu près sur le modèle du *Club des Clubs* que Longepied avait formé, en mars 1848, pour le service électoral de M. Ledru-Rollin, elle avait des ramifications nombreuses en province et à Paris. Elle enlaçait les douze arrondissements et la banlieue de la capitale dans un réseau de petites réunions d'hommes résolus, presque tous anciens militaires, fanatiques de la Colonne, du petit caporal, de l'Empire, de l'empereur et de son neveu, et toutes dirigées par des chefs connus, reçus et peut-être soldés à l'Élysée. Cependant, elle avait des succédanés gênants, entre autres une section dirigée par un peintre en bâtiments de la rue Geoffroy-Marie, qui faisait beaucoup d'embarras. Il recevait ses adhérents dans une salle tendue de papier bleu d'azur à étoiles d'or ; au pied d'un autel où figuraient les bustes de Napoléon Ier, du duc de Reischtadt et de Louis-Napoléon, on jurait sur le poignard le rétablissement de l'Empire, et le tout se terminait par quelques litres que payait le récipiendaire. Le ministre de l'intérieur, avec la singulière et aimable facilité d'élocution qui le distinguait, mit les désordres de la place du Havre sur le compte des *Litroneurs* de la rue Geoffroy-Marie, et la Société du 10 Décembre, en apparence sacrifiée, fut sauvée.

Restaient les revues de Satory et les déplacements de généraux qui en avaient été la conséquence.

On a révoqué le général Neumayer, disait la commission de permanence, parce qu'il a voulu empêcher sa division de crier : « Vive l'empereur ! »

On a si peu révoqué le général Neumayer, répliquait le ministre, qu'on lui a donné de l'avancement.

On a conservé à Paris les régiments qui criaient : Vive l'Empereur ! on en a éloigné les soldats silencieux.

Pas du tout, répondait le ministre, il y a un tour pour les garnisons, l'administration le suit avec attention et respect.

C'était un procès byzantin d'où l'on ne pouvait sortir.

Une assemblée vraiment révolutionnaire aurait tout simplement mis le président en accusation — et tous les républicains auraient applaudi.

Une assemblée vraiment royaliste aurait fait un coup d'État, emprisonné la presse et la gauche, rappelé le roi — et les monarchistes auraient crié : Bravo.

Mais l'Assemblée était vraiment parlementaire, elle vota par 451 voix contre 276 la chute du ministère et personne ne fut satisfait.

Pour obtenir ce splendide résultat et l'excuser aux yeux de la population, les plus gros bataillons avaient donné, M. Thiers chargeant à leur tête. C'est dans le discours, très spirituel et très inhabile, qu'il prononça en cette affaire, qu'on peut lire la parole fatidique devenue célèbre : « l'Empire est fait. »

« Alors, qu'on le fasse tout de suite ! » répondaient l'industrie, le commerce, la banque et la finance et avec eux tous les gens fatigués de voir la France sans alliance à l'extérieur et sans lendemain à l'intérieur. Rien n'est plus agaçant à raconter et plus irritant à lire que ces tournois parlementaires, où tous les impuissants et tous les ratés d'un pays s'acharnent à empêcher la vérité de se dégager et de triompher. La vérité était qu'on avait besoin d'un gouvernement pouvant administrer la France sans entraves. M. Thiers avait dit : « L'Empire est fait ! » pour qu'il ne se fît pas. Sa parole montrait bien que les empêchements à l'Empire ne venaient pas de la masse, mais des exceptions, car l'Empire était fait dans les idées, mais il fallait qu'il arrivât naturellement, et non point avant terme. Une Révolution de cette importance se prépare, s'outille et ne s'improvise pas en une nuit. La sombre nuit de Décembre est une légende pamphlétaire née dans l'imagination d'un poète grisé par son immense fatuité ; l'Empire devait être un fait ayant sa grandeur, son objet et son rôle dans l'histoire de notre pays. M. Thiers le pressentait et, n'ayant sans doute pas la force de l'empêcher, n'eut que le courage peu dangereux de le dénoncer.

Il eût été l'ami de l'Élysée qu'il ne lui aurait pas rendu un plus signalé service.

CHAPITRE X

Sera-ce Bosquet? sera-ce Saint-Arnaud qui fera le coup d'État? — Mission du commandant Fleury. — Le ministère des commis. — Pas une minute, pas un sou. — Heureuse tactique de M. Véron. — La Fusion. — La solution est pressante.

Déjà le prince méditait sérieusement sur ce qu'il avait à faire.

D'abord il songea à l'assiette, à la constitution de son futur gouvernement et aux hommes sur lesquels il devait appuyer un nouveau régime. MM. Troplong, Rouher, Baroche furent chargés par lui de rédiger le texte de cette Constitution; ils devaient travailler isolément et discrètement à l'insu l'un de l'autre et remettre directement leur travail. Chacun croyait être le seul consulté sur cette grosse affaire. L'empereur Napoléon III conserva sur le trône cette habitude de demander à plusieurs personnes le même travail. On a retrouvé dans ses papiers, des notes fort curieuses, que les mouchards hommes de lettres, chargés de leur dépouillement, prirent pour des rapports et qui n'étaient que des projets de solution rédigés par quelques amis qu'il aimait consulter.

Puis il s'enquit dès lors des hommes de main qui pouvaient être ses ouvriers.

Il lui fallait un préfet de police résolu, un ministre de la guerre habile, un commandant de Paris sans scrupules politiques.

Le général Mallet, lorsqu'il conçut le dessein de s'emparer du pouvoir, avait supprimé d'abord Rovigo et le général Hulin, sachant bien que tous les rouages suivent l'engrenage puissant de la police et de la place; le prince avait dans Carlier un auxiliaire sûr, brave et dévoué; nous verrons les circonstances qui le firent remplacer plus tard, quand tout fut prêt, par un homme d'une valeur beaucoup moindre mais ayant des apparences plus dorées. Quant au général en chef, il était choisi depuis Boulogne, et on le réservait soigneusement pour le grand jour.

M. de Persigny et M. de Morny devaient être, l'un ou l'autre, le ministre de l'intérieur de la crise, mais il fallait un ministre de la guerre.

M. le général Magnan, auquel était réservé

le commandement en chef, ne pouvait l'être. Très endetté par l'éducation d'une famille nombreuse, la représentation d'un grade élevé et peut-être aussi par une jeunesse un peu longue et un peu opiniâtre, on avait déjà beaucoup de peine à le maintenir à la tête d'un grand commandement. Parmi les vieux généraux, on comptait beaucoup de royalistes et surtout d'hommes prudents. Les jeunes Africains illustres s'étaient jetés passionnément dans la République. Il fallait donc, à toute force, inventer un ministre de la guerre.

Tous les ans, les gouverneurs de l'Algérie ordonnaient une grande expédition non seulement pour tenir nos troupes en haleine, mais aussi pour entretenir chez les populations arabes le respect dû à notre prépondérance.

Une expédition avait été jugée nécessaire en Kabylie pour l'année 1851, et le gouverneur général, en demandant des fonds pour la faire, avait laissé pressentir son désir de la commander en personne. Le prince avait envoyé M. le chef d'escadron Fleury examiner la question et surtout étudier quelles étaient les jeunes renommées d'Afrique qu'on pouvait opposer à la gloire de Lamoricière, de Bedeau, de Cavaignac, que les journaux orléanistes et républicains chantaient sur tous les tons. Le commandant Fleury était fort bien choisi pour une telle mission. L'empereur a dit de lui qu'il était à la fois militaire et diplomate ; ceux qui le connaissent savent qu'il est très charmant, très insinuant et qu'il possède au suprême degré l'art de faire poliment une proposition insidieuse. Son objectif était la conquête du général Bosquet. Ancien polytechnicien, naturellement porté vers les idées libérales, le futur maréchal de France ne poussait pas cependant l'ardeur de ses convictions républicaines jusqu'à refuser un bel avenir dans le parti opposé.

Il faut savoir ce qu'étaient, il y a trente ans encore, les séparations entre les hauts grades de la hiérarchie militaire pour comprendre l'importance et les difficultés de la mission du commandant Fleury.

Passer général de division un an plus tôt, c'était pour le général de brigade chargé de commander l'expédition de Kabylie la certitude d'être gouverneur général et maréchal. Car on comprenait bien, en Algérie, que l'aide de camp intime et préféré du prince ne s'était pas dérangé pour une simple tournée d'inspection, mais qu'il était venu cueillir un homme d'action. Le général de brigade Bosquet pouvait être une conquête précieuse. C'était à la fois une bonne tête et un bras solide.

En le nommant général de brigade avant le temps réglementaire, Lamoricière avait dit : « Ce n'est pas pour les services qu'il a rendus, c'est pour ceux qu'il rendra. » Enlever le brillant soldat aux espérances de ceux qu'on appelait alors : « les Africains » et qui se partageaient les faveurs de l'opposition à l'Empire, le commandant Fleury en était certain. Evidemment il avait pressenti les énormes appétits de jouissance qui ont déterminé la mort prématurée du maréchal ; il avait deviné cette ambition violente que dissimulaient mal des intempérances de langage, d'ailleurs souvent calculées.

Le général Bosquet a toujours su tirer parti des événements. En décembre 1851, il est parti en expédition afin de ne pas voter pour celui qu'il appelait : Polichinelle Ier. Et le lendemain, le coup d'État fait et réussi, il se montrait tout à fait content du résultat.

Lorsqu'au début d'un grand dîner l'empereur, en 1856, lui annonça sa nomination au grade de maréchal — grade qu'il avait du reste gagné largement — le nouveau dignitaire demanda à Napoléon III de lui permettre d'en informer immédiatement sa mère. Ce fut le souverain qui écrivit la dépêche sur la table même de la salle à manger ; elle était ainsi conçue :

L'empereur à madame la maréchale Bosquet.

« Votre fils se porte bien.

» Napoléon III. »

Pour bien saisir le sens de cette petite scène, il faut se souvenir que le maréchal souffrait encore d'une blessure reçue à la prise de Malakoff et que l'empereur était père depuis deux jours seulement.

Mais si en Décembre 1851 Bosquet appelait le prince « Polichinelle » et « Soulouque », c'est que le général Leroy de Saint-Arnaud avait obtenu le commandement de la Kabylie.

Comment cela s'était-il passé? Bien des versions diverses ont couru sur ce fait. La plus naturelle, à mon sens, c'est la vraie. Le commandant Fleury ayant trouvé dans Saint-Arnaud, tout aussi ambitieux et brave, un instrument bien autrement souple et malléable, mais surtout beaucoup plus fin, ne jugea pas utile de voir Bosquet. Il y avait à craindre en effet, avec ce dernier, les retours d'un caractère peu sûr et d'une nature abrupte et volontaire.

Il n'entre pas dans mon plan de raconter l'expédition de Kabylie. Elle servit à souhait à l'élévation du général Leroy de Saint-Arnaud qui, six mois après, étant ministre de la guerre, rappela dans Paris un certain nombre d'officiers supérieurs et de régiments, dont il s'était assuré le concours en les couvrant de récompenses.

Tandis que le commandant Fleury captait l'homme le plus apte à collaborer utilement à un coup d'État militaire, le président se vit privé de son *Cabinet de résolution*. Dans un message fort spirituellement modéré et qui enveloppait, sous un langage irréprochable, sa volonté bien arrêtée de ne pas se laisser jouer par les parlementaires, il expliqua aux représentants qu'il ne pouvait composer qu'un cabinet d'affaires. En présence d'une assemblée qui renversait deux cabinets successifs pour des actes de pouvoir exécutif parfaitement légitimes, absolument permis par la Constitution, aucun de ses amis ne voulait plus, dit-il, s'exposer aux tempêtes parlementaires. Or, comme il ne voulait pas, lui, élu du suffrage universel, passer sous le joug et choisir ses ministres parmi ses ennemis, il n'y avait de place que pour un ministère de commis, ce fut le nom que l'on donna, qu'il donna lui-même aux ministres dont les noms suivent :

Guerre, le général Randon. — *Intérieur*, Vaïsse, préfet du Nord. — *Finances*, de Germiny, receveur-général. — *Travaux publics*, Magne. — *Affaires étrangères*, M. Brenier, directeur au ministère. — *Justice*, Royer, procureur général à Paris. — *Marine*, Vaillant, contre-amiral. — *Instruction et cultes*, Giraud, membre de l'Institut. — *Agriculture et commerce*, Schneider, directeur du Creuzot.

La colère fut de nouveau considérable au camp parlementaire. Après avoir, quinze jours avant, tremblé honteusement devant la crainte d'un coup de force, la rue de Poitiers, s'illusionnant encore, recommença ses plaisanteries par une interpellation de M. Hovyn-Tranchère sur la modeste envergure des nouveaux ministres.

Le cabinet répondit très honnêtement que ses membres étaient prêts à répondre à toutes les questions des représentants : qu'il était ce qu'il était, un ministère de transaction, destiné à gérer les affaires en attendant que le différend fût clos entre l'exécutif et le législatif. Sur ce terrain modeste, on fut bien forcé de l'accepter. Mais quel supplice pour ces éternels bavards de se trouver en face de ministres exacts, bien cravatés de blanc, mais absolument muets; répondant par des oui et par des non à toutes les questions; évitant soigneusement la politique et se moquant en définitive d'une Assemblée qui, sortie des *interpellations*, des *ordres du jour simples ou motivés*, des *questions préalables* et des *positions de la question*, montrait une impuissance notoire.

Aussi s'en vengea-t-elle cruellement sur le président et la présidence.

M. de Germiny ayant eu le courage — il en fallait en effet — de déposer, le 3 février 1851, la demande d'un crédit de 1,800,000 francs pour frais de représentation de la présidence pendant l'exercice 1851, la joie se manifesta tout à coup dans cette assemblée de vieux écoliers momentanément réduits au silence.

Le prince, certainement, avait tort de demander cet argent. A la façon dont on lui avait marchandé, en 1850, les deux millions que Changarnier lui avait fait payer si durement, il devait comprendre que c'était fini, qu'il n'obtiendrait plus rien. Mais son entourage avait faim et lui avait la main toujours ouverte !

Ah ! son entourage, il pèsera longtemps sur lui par des demandes indiscrètes et exagérées. Pendant les jours qui précédèrent le plébiscite en avril 1870, Napoléon III fut forcé de chercher 300,000 francs, — il n'avait jamais cette somme dans sa caisse, — pour tirer d'embarras un de ses aimables amis qui les avait perdus au baccarat dans une cour étrangère. En 1851, les mêmes gens le poussaient à emprunter, à quémander de l'argent.

Cette fois le crédit fut lestement et rapidement refusé ; cela fut même accompagné de commentaires si grossiers, d'injures si offensantes, que M. de Montalembert, indigné, se porta « le témoin » du prince-président et blâma, au nom des intérêts conservateurs, la guerre ignoble faite par la rue de Poitiers au véritable, au seul représentant de l'autorité et de l'ordre.

A propos de la destitution du général Changarnier, il révéla — fait grave — qu'il avait entendu proférer, par l'illustre général, des mots et tenir des propos qui justifiaient parfaitement sa disgrâce. Enfin, avec cette ironie pleine de grandeur — dans laquelle il était maître — il montra l'impuissance et l'immoralité de ces coalitions parlementaires toujours d'accord pour faire le mal et détruire, toujours divisées pour faire le bien et pour créer — et naturellement il sabra leurs chefs. M. Thiers, vigoureusement atteint, ne répliqua point. Peu lui importait les vérités dont le cinglait M. de Montalembert. Changarnier avait dit : « Pas une minute ! » M. Thiers tenait à ce que l'Assemblée ajoutât : « Pas un sou ! » Ces six mots réunis formaient un programme en réponse à celui de la revision, programme qui, aux yeux des royalistes, paraissait devoir fermer la dernière étape de la fortune aventureuse du prince Louis.

Ce dernier eut alors un instant de faiblesse et de découragement.

Le refus des 1,800,000 francs, les injures de la majorité habilement exploitées par la presse présidentielle, avaient mis la population saine de Paris en fureur. Une adresse, couverte rapidement de signatures, offrit au prince de remplacer et au delà, par une souscription publique, l'argent qui lui manquait. Mal conseillé par les sangsues attachées à ses flancs, il allait céder et accepter, lorsqu'un article du *Constitutionnel*, rédigé sans son assentiment, par le docteur Véron, rendit la souscription impossible. Après un instant de mauvaise humeur, Louis-Napoléon comprit qu'on l'empêchait de commettre une sottise. Il remercia ses amis inconnus et vendit très ostensiblement une portion de ses chevaux et de ses équipages, et il... emprunta, à la grosse aventure, de quoi vivre comme il l'entendait, sans mettre le public dans des confidences qu'il ne doit jamais connaître.

Si jamais le besoin se fait sentir d'un *manuel d'éducation à l'usage des princes,* le premier chapitre devra traiter de leurs finances. Dans l'infortune, ils ne doivent jamais avoir l'air de manquer d'argent. Au pouvoir, ils doivent toujours savoir donner.

Cependant, pour que les royalistes se montrassent si durs pour le futur empereur, leurs affaires marchaient-elles donc à grands pas ? On aurait dû le croire. Que M. Thiers, qui voulait la succession de Louis-Napoléon, fût pressé de le voir quitter le pouvoir, cela va de soi. Qu'il ait assoupi les ambitions de Changarnier, qui promenait dans tous les camps sa colichemarde de trancheur de nœuds gordiens, c'était naturel. Mais pour que les monarchistes pussent croire qu'ils parviendraient à se soustraire — Louis-Napoléon étant à Vincennes — soit à la tyrannie de l'ogre Poucet de la rue Saint-Georges, soit à l'anarchie venant de la rue, que pensaient-ils, que voulaient-ils, qu'avaient-ils préparé ?

Rien.

L'histoire implacable peut aujourd'hui le leur reprocher.

Tant que le roi Louis-Philippe avait vécu, les jours que lui accordait la Providence apportaient une espérance nouvelle à son petit-fils.

Lorsqu'il mourut, à l'âge de soixante-treize ans, le comte de Paris n'en avait que douze. Il était en face de la courte échéance du premier dimanche de mai 1852, d'où pouvait sortir ou une révolution nouvelle, remettant la question indéfiniment, ou une élection pacifique, légale, acceptée, d'un nouveau président. Ce dernier, recevant le pouvoir de son prédécesseur, avait quelque chance de le remettre à son successeur, de fonder la République et de clore ou d'interrompre la ligne des gouvernements provisoires qui se succèdent en France depuis 1789, série qui dure encore, puisque M. Grévy n'a pas hérité naturellement du maréchal Mac-Mahon.

La fusion sortie tout armée du cerveau à la fois opiniâtre et changeant de M. Guizot — lire son livre *de la Démocratie en France*, publié en janvier 1849 — n'avait du vivant du feu roi, été préparée par aucune négociation utile. On savait dans le public, que le duc de Nemours avait toujours affiché des tendances légitimistes. Des lettres publiées par la *Revue rétrospective* avait révélé que dans la famille royale on l'en accusait plus qu'on ne l'en louait. Le duc d'Aumale et le prince de Joinville passaient pour être restés fidèles aux principes de 89, autant par goût, tempérament, conviction, que par tradition de famille et par respect de la mémoire du père. Enfin la duchesse d'Orléans, la princesse Hélène — par l'éducation qu'elle donnait à ses deux fils — paraissait vouloir se conformer aux dernières volontés de son mari, consignées dans un testament fort beau et où il leur recommandait d'être surtout et avant tout des hommes de leur temps.

A ce tableau fidèle de la branche cadette, on répondait que le comte de Chambord — d'après des pronostics qui se sont réalisés depuis — semblait être destiné à mourir sans progéniture; que la famille d'Orléans, dans la personne du comte de Paris, fournissait un successeur au trône — et que pour le bien du pays, dans l'intérêt des grands partis royalistes, la fusion se trouvait donner en même temps un roi à la France et un héritier au trône.

La fusion que la raison d'État eût imposée le lendemain d'une Restauration, était-elle donc si facile à réaliser théoriquement?

Trente années ont prouvé que non. Et le prince Louis-Napoléon avait certainement raison lorsqu'il disait en 1851 au comte de la Rochejacquelein :

« Oui, il y a des fusionnistes, mais il n'y a pas de fusion. »

Je crois que les négociations à ce sujet n'ont jamais été dans la réalité plus loin que la mission de M. de Salvandy et la visite de M. le duc de Nemours à Frohsdorff. M. de Salvandy fut reçu comme un homme d'un esprit élégant et raffiné, le duc de Nemours avec la déférence que mérite un parent courageux. Le gouvernement du président, très bien informé en matière de politique étrangère, n'a jamais attaché une grande importance aux intrigues fusionnistes. Dans une étude sur les origines du coup d'État, il suffit donc de constater qu'elles n'inquiétèrent pas le prince Louis et n'influèrent en rien sur ses volontés.

Quant au projet de faire élire le prince de Joinville à la présidence de la République, il avorta — nous allons le voir — avec la revision.

M. Thiers ne croyait pas non plus à la fusion ; mais, cela par intérêt, et surtout par dégoût de la monarchie de juillet qu'il haïssait au moins autant que la monarchie légitime. M. Berryer — dépositaire des sentiments les plus intimes du comte de Chambord — n'y croyait pas davantage, bien qu'une lettre qu'il avait reçue d'Henri V, le 23 janvier 1851, fût faite, par son ambiguïté, pour satisfaire toutes les crédulités.

Ce n'était point avec des polémiques sur la façon dont il convenait d'interpréter la phrase d'une lettre du dernier Bourbon qu'on pouvait passionner le peuple français, de plus en plus indifférent aux affaires de la royauté.

Cependant la République était fondée depuis trois ans. Elle avait, il est vrai, écarté elle-même les républicains de l'administration du pays. Mais en mettant à l'écart les élites des républicains de la veille, elle avait fourni un motif aux bas fonds d'inventer une religion politique nouvelle, qui n'était ni le socialisme, ni le communisme; mais quelque chose d'ignoble et d'informe, niant déjà les idées de patrie, d'honneur et de famille, et cherchant à mettre l'homme au rang infime de la bête.

CHAPITRE XI

Troisième anniversaire de Février. — L'amnistie. — Les réfugiés de Londres et de Lausanne. — La terreur rouge. — La revision. — Le prince annonce le coup d'État. — Nouveau cabinet. — L'organisation de l'anarchie. — Le *Spectre rouge*.

L'école anarchiste a fait aujourd'hui de tels progrès, qu'une certaine quantité d'énergumènes — quantité médiocre, il est vrai — s'expose aux châtiments préventifs les plus sévères, si jamais la France voit encore renaître un gouvernement respectable. Le vol, le pillage, la jouissance matérielle ont été élevés par les cuistres du socialisme à la hauteur de principes vivifiants. Il y a si peu de différence dans le langage, les mœurs et les aspirations, à l'heure qu'il est, entre un tributaire de la cour d'assises et l'orateur de certains clubs, que l'on croit rêver lorsqu'on lit les procès-verbaux des séances de ces réunions. Un mélange de toutes les boues, un ruisseau colligeant toutes les odeurs et tous les miasmes sortant des antres de la misère, de la prostitution et des bagnes, imprègne des êtres sans foi, sans courage et sans pensée. La crainte seule d'un coup de fusil les arrête ; mais la certitude de l'impunité leur donnerait de l'élan et de la force.

Nous n'en étions pas encore là en 1851 ; il y avait encore des restes de pudeur politique chez les chefs des socialistes militants. Cependant, nous allons montrer quelles craintes la révolution brutale inspirait au pays.

A la veille du troisième anniversaire du 24 Février, une demande d'amnistie générale fut signée par cent soixante et dix représentants montagnards ou républicains. C'était une occasion pour la droite de bien gêner la présidence, en rappelant tous les chefs de barricades de juin 1848 et de juin 1849. Mais l'impatience des démagogues empêcha la droite d'y songer, même un instant.

Dans vingt endroits, des turbulents imprudents arboraient le drapeau rouge ; dans mille, on constata des cris de : *Vive la Sociale !* A Strasbourg, la bourgeoisie prit en corps la tête du mouvement. La ville de Paris n'avait pas voté de fonds pour la célébration de cette journée ; la plupart des municipalités de province avaient suivi son exemple. A Strasbourg, la garde nationale, en uniforme et en armes, prétendit forcer les autorités à donner plus de splendeur à la solennité ; il fallut la dissoudre ; ce qui se fit aisément, grâce à l'attitude fort convenable et fort résolue de la troupe.

A Londres, afin de prouver nettement que les exilés ne comptaient que médiocrement sur l'amnistie, dans un banquet dit *Banquet des Égaux*, ils se réunirent et lurent des toasts incendiaires envoyés de tous les côtés de l'Europe. La même cérémonie fut célébrée à Lausanne. Et pour que la chose produisît un effet calculé et voulu, tous les toasts, tous les discours prononcés à Londres furent recueillis dans une brochure imprimée à Paris, rue du Petit-Carreau, et tirée à plusieurs centaines de milliers d'exemplaires.

Ces diverses manifestations entraînèrent tout naturellement le refus de l'amnistie.

La coalition parlementaire ne se manifestait que lorsqu'il s'agissait de tomber à bras raccourcis sur l'Élysée ; elle empêchait l'empire, mais elle était inhabile à galvaniser la République ou à ressusciter la royauté. Dans l'Assemblée, les forces des partis se dénombraient facilement et nettement : 250 fusionnistes ; 210 à 220 républicains, 80 royalistes ennemis de la fusion ; le reste, c'est-à-dire

200 représentants, appartenaient déjà complètement au prince Louis. Celui-ci n'avait aucun espoir de rallier l'une ou l'autre des fractions adverses, et réellement il n'en avait pas l'envie ; il ne pouvait pas d'ailleurs songer à battre l'une d'abord pour se retourner après contre l'autre. Le seul plan possible, c'était de brouiller irrémédiablement les républicains et les monarchistes ; cela paraissait très difficile en février 1851 ; mais, grâce à la turbulence exagérée du parti rouge et à la peur violente des royalistes, cela devint facile huit mois après.

Quelques représentants de la rue de Poitiers fréquentaient assez assidûment les salons de la Présidence et des ministères. Le président avait son soir — le lundi, si ma mémoire est fidèle — les ministres de la rive gauche et ceux de la rive droite avaient repris leurs huitaines du temps de la monarchie. Et l'on causait là encore plus utilement des affaires de politique intime, que dans les couloirs du Palais-Bourbon. Ce fut par ces conversations que le prince apprit la terreur qu'inspirait aux royalistes le second dimanche de mai 1852. Le parti rouge, trop confiant dans le mot *République*, ne cachait ni ses desseins, ni ses forces et les exagérait évidemment. La France avait été divisée par le *Comité central démocratique* en cinq grandes régions dont le centre devait être Lyon, puis Paris, si la Révolution, chassée d'abord de la capitale par l'armée, parvenait à la reprendre. A la tête de chacune de ces régions on avait placé un directeur-dictateur, auquel le comité central s'en remettait complètement pour recruter et organiser l'armée révolutionnaire, préparer son armement et nommer ses chefs.

Parmi ces chefs de légion se trouvait un homme animé d'un véritable génie de conspiration, M. Alphonse Gent, ex-commissaire de la République et ex-constituant. Doué au plus haut point du don de la fascination et de la séduction, parleur et marcheur infatigable, il avait fouillé et remué jusqu'au tuf les départements qui lui avaient été confiés; et les avait si solidement organisés, qu'en décembre 1851, bien qu'il fût emprisonné, jugé, condamné et déjà, je le crois, en route pour la déportation, ils furent les seuls qui marchèrent spontanément, sans ordres et d'ensemble.

Le ministère de l'intérieur tenait tous les fils de cette immense conjuration; la préfecture de police et les consuls à l'étranger le renseignaient scrupuleusement. Chaque fois que le gouvernement du président le jugeait convenable, une société secrète trop gênante était levée et condamnée; et sa condamnation entretenait utilement la terreur des royalistes.

Non seulement ces derniers étaient menacés dans leurs fiefs électoraux, mais on les prévenait qu'ils seraient grillés et rôtis dans leurs châteaux. Déjà à Précy et à Méneton, dans le canton de Nerondez, des bandes de pillards avaient assailli les châteaux de MM. Metairic et de Rolland. Une imprimerie clandestine de la rue Cadet, à Paris, où l'on imprimait le Bulletin du *Comité de résistance*, fut saisie et permit à la police de s'emparer des documents d'une littérature socialiste, en rapport avec le sac des châteaux. Deux journaux conservateurs prenaient un malin plaisir à ressasser toutes les histoires lugubres qui arrivaient de la province; ce fut l'occupation de la *Patrie* et du *Constitutionnel* d'alors. Evidemment, le danger était grand, mais il n'était pas inutile de l'exagérer encore. La presse républicaine y aidait, en menaçant les députés nominativement à propos de leurs votes, et les passions étaient tellement surexcitées, que bien des honnêtes gens venaient supplier le ministre de la guerre d'accorder des garnisons à leur ville et le ministre de l'intérieur de les autoriser à former des associations armées. On se préparait à la guerre civile sérieusement, naturellement, comme si l'armée ne fût pas assez puissante alors pour résister au flot révolutionnaire, comme si le prince Louis-Napoléon n'était pas là pour accepter la responsabilité de l'acte qui devait calmer et rassurer la France.

Six mois après, lors de la répression de la résistance au coup d'État, on vit des grands propriétaires, à la tête de leurs gardes-chasse, prêter appui efficace à la gendarmerie et aux troupes de la ligne. Le parti légitimiste montra, dans cette circonstance, beaucoup de bon sens et d'énergie. Il se préoccupa peu du résultat politique de l'acte du 2 décembre; avant tout il se dévoua à la sauvegarde de la Société menacée par la jacquerie. Malheureusement, après avoir fait preuve de courage pendant la lutte, il ne sut point rester modéré dans la victoire. Il exigea trop des tribunaux exceptionnels, et la statistique démontre que les arrestations, et les sévères pénalités qui les suivirent, ont été les plus nombreuses dans les départements où le parti légitimiste exerçait le plus d'influence.

Un livre singulier de M. Romieu eut à cette époque un grand retentissement. D'une allure beaucoup plus élevée que les petits volumes de la rue de Poitiers, le *Spectre rouge* peut passer pour le meilleur des classiques de la peur. Edité en 1851, chez Ledoyen, ce petit écrit, qui n'a que cent pages imprimées en très gros caractères, pouvait se lire en une heure et fournir, cependant, des sujets interminables de conversation.

Les colères qu'il inspira dans le clan républicain sont un sûr garant de son mérite.

Son thème est très simple et, qui plus est, raisonnable. Le voici en deux lignes : les rhéteurs ont trop appris au peuple ses droits et pas assez ses devoirs. Le peuple est ivre des doctrines et des discours socialistes ; il n'est plus en état d'entendre la raison. On se plaint de ses folies ; pourquoi l'a-t-on soûlé ? Il faut le désoûler lestement.

C'est qu'en effet on avait intoxiqué les ouvriers et les paysans avec les plus ridicules et les plus odieuses promesses. La propagande était telle, qu'un écrivain — aujourd'hui vice-président du sénat après avoir été membre du gouvernement de la Défense nationale — M. Pelletan, pouvait écrire dans la *Presse* : « Il n'y a pas une femme qui accouche à l'heure qu'il est d'un enfant, qui n'accouche d'un socialiste. »

Et puis ce mot *socialiste* se prêtait à toutes

les exagérations, à toutes les haines, à toutes les vengeances.

Lorsqu'en 1870, à Pange, le général Changarnier revit Napoléon III pour la première fois depuis dix-huit ans, dans un moment d'expansion et de reconnaissance ce dernier lui demanda :

« Pourquoi m'avez-vous abandonné en 1850 ?

— Parce que je vous croyais socialiste! » répliqua le général, qui, malgré son séjour à l'étranger, sa disgrâce et dix-huit années passées sur sa tête, en était resté aux terreurs réactionnaires de la rue de Poitiers (1).

Les républicains formalistes eux-mêmes

(1) Ce reproche d'être socialiste sera celui que l'on jettera à la figure de Napoléon III, pendant tout son règne et lorsque l'on voudra exciter le parti conservateur contre lui.
En effet Napoléon III fut toujours, sur le trône, préoccupé de l'intérêt du plus grand nombre. Proudhon dans deux ouvrages qui ont vivement excité contre lui les républicains formalistes, dans *la Révolution sociale démontrée par le coup d'État* (1852), et les *Démocrates assermentés et les Réfractaires* (1863), a tourné autour d'une confession nette et franche constatant le démocratisme sincère de l'empereur. Malgré cela, il y avait des atomes crochus qui reliaient le grand critique au démocrate couronné.
Chez Napoléon III, le sentiment démocratique était inné; il n'était le résultat ni d'une pose gouvernementale, ni d'une fidélité apparente et calculée à son œuvre de prisonnier d'État, l'*Extinction du paupérisme*, qui lui a été si souvent reprochée. J'ai entendu raconter par un ex-chambellan qu'un jour, devant tout son entourage, il s'étonna que les fermiers d'un bien qu'il avait en Italie lui payassent leurs loyers avec une persévérante exactitude.

« Ils travaillent pour moi, ne me connaissent pas, savent

redoutaient les socialistes à l'égal d'une huitième plaie d'Égypte. Proudhon fut toujours la bête noire des Cavaignac, des Charras, de toute l'école républicaine pour laquelle l'idéal de gouvernement est la tyrannie exercée par une Assemblée unique, soumise elle-même aux caprices d'un tyran unique, qu'il se nomme Robespierre, ou Cavaignac ou Gambetta.

Cette théorie révolutionnaire des ambitieux républicains se résume dans cette formule dont nous avons aujourd'hui l'expression pratique :

« Une révolution faite par tous, au nom de tous, doit être exploitée par quelques-uns. »

La loi du 31 mai, en rayant 30 p. 0/0 des

---

seulement que je suis empereur des Français, que je n'ai pas besoin de leur argent et ils me l'envoient régulièrement. »

Entre cet étonnement et la formule abracadabrante « la propriété c'est le vol », il n'y a pas grande différence lorsqu'on y regarde de bien près. Et, en effet, le locataire qui pendant trente ans paie le loyer d'une chambre, à la porte de laquelle il sera jeté tout nu, s'il oublie le premier terme de la trente et unième année, est victime d'une injustice, pour la réparation de laquelle on a inventé les procédés du *Crédit foncier*, institution socialiste au premier chef, si elle était mieux gérée.

Donc ce n'est pas un crime d'être socialiste lorsqu'on est le chef d'un empire ; j'ajouterai même que c'est une vertu et une vertu obligatoire.

Toutefois il y a cent lieues du socialisme brutal qui détruit ce qu'il convoite au socialisme civilisateur qui féconde et vivifie la propriété.

9,618,057 électeurs inscrits au début de l'année 1850, avait privé 2,800,000 citoyens du seul profit que les masses avaient recueilli de la révolution de Février. Le sang versé en juin, la misère de l'année 1848 avaient abouti à ce résultat : on pensait donc qu'un tiers du pays se révolterait contre les deux autres le jour de l'échéance fatale. Au moment de voter la loi du 31 mai, l'Assemblée ne s'était pas avisée d'une casuistique qu'on lui opposait dès lors : avait-elle e ule droit, elle simple législative, de légiférer en matière électorale — matière constitutionnelle au premier chef — alors que l'article 111 de la Constitution ne lui permettait la revision que dans la dernière année de la Législature ? Ne s'était-elle pas trop pressée ? N'était-il pas opportun qu'elle revînt d'elle-même sur ce qu'elle avait fait ? Le président poussait à la roue et voulait englober la question du suffrage universel dans la revision de la Constitution.

Les deux cents et quelques représentants républicains s'y seraient peut-être prêtés, mais avec méfiance. Quant à la rue de Poitiers, à la fraction de la fusion militante, elle ne voulait pas en entendre parler. Dans la terreur exagérée que lui inspiraient les rouges, elle espérait encore se servir du prince Louis pour les combattre, comme elle avait cru jadis qu'il sècherait les plâtres pour la royauté. Mais lui ne voulait plus travailler que pour lui, et ce n'était plus ni *Badinguet*, ni *Soulouque*, ni *Isidore*, ni l'*marchand de moutarde* qu'on allait l'appeler, c'était brigand et usurpateur.

Cependant comme les meilleures plaisanteries doivent avoir une fin, le 10 avril le ministère d'affaires avait été remplacé par un cabinet parlementaire. La paix n'était pas faite, on le voit par le tableau que je viens de tracer; mais on allait aborder les questions politiques importantes, et de simples commis ne suffisaient plus à la situation.

Naturellement, M. Rouher, le loyal, le persévérant ouvrier du futur Empire, en faisait partie avec MM. Baroche, Fould et Magne, ses fidèles collaborateurs. L'intérieur fut donné à M. Léon Faucher, un singulier homme d'Etat dont on n'a jamais bien pu définir l'opinion et la moralité politiques ; la marine, à M. Chasseloup-Laubat, un esprit fin et appliqué; l'instruction publique, à M. Dombidau de Crouseilhes, et le commerce, à M. Buffet, que sa mauvaise fortune a toujours placé dans des combinaisons ministérielles où il devait faire le contraire de ce qu'il voulait. C'est ainsi qu'en 1875, il a été le père nourricier de la République, bien malgré lui, si l'on en juge par le contentement qu'il en éprouve aujourd'hui (1).

La guerre avait été laissée à M. Randon. L'insuffisance militaire et le manque complet de caractère politique garantissaient chez cet officier général une complaisance absolue, même la complaisance de la démission au jour dit. D'ailleurs, il fallait la complicité du ministre de la guerre pour faire rendre à l'expédition de Kabylie les résultats qu'on en attendait (2).

(1) M. Buffet est évidemment un tempérament orléaniste. C'est un homme honnête, instruit, laborieux, parlant assez bien, mais sans aucune autorité gouvernementale. Il peut remporter des succès à la tribune lorsqu'il est dans les rangs de l'opposition ; mais au pouvoir son esprit se noie dans les détails, les considérants, la casuistique. On ne se rend pas bien compte comment il a pu, en 1873, faire preuve d'énergie lors du renversement de M. Thiers. Pour bien apprécier sa conduite ce jour-là, il faut se rappeler qu'il avait absolument perdu la tête et que l'on fut forcé de lui rappeler la procédure parlementaire; étonné lui-même de sa grande audace, il oubliait de faire accepter par un vote la démission du chef du pouvoir exécutif.

Sa présence dans le cabinet du 10 avril 1851 était une garantie donnée à la rue de Poitiers. Il était bien évident qu'un ministère où l'on avait réuni MM. Léon Faucher, Buffet et Chasseloup-Laubat ne pouvait pas vouloir un coup d'État.

(2) Le général Randon eut à cette époque des ennuis considérables. On jouait au Cirque une pièce où le retour de l'île d'Elbe et l'arrivée de Napoléon Ier à Grenoble mettaient en scène un officier subalterne excitant la troupe à faire son devoir, c'est-à-dire à tirer sur l'empereur. Un journal ayant rappelé que cet officier s'appelait Randon, demanda malignement si ce n'était pas le même que le ministre de la guerre; une polé-

Le coup d'État, décidé en principe, pouvait devenir tout à coup inévitable, et l'on n'avait plus qu'un an devant soi. Or, cette année, il était bien vraisemblable qu'on pourrait la passer tout entière dans le calme, car, pour réussir, il fallait agir en même temps opportunément et inopinément, surprendre les partis et satisfaire les intérêts.

Les affaires de la revision et du rétablissement du suffrage universel furent conduites à la cavalière par les ennemis invétérés de la présidence.

Le 1ᵉʳ juin, à Dijon, le prince avait dit :

« *Quels que soient les devoirs que le pays m'impose*, il me trouvera décidé à suivre sa volonté. »

En ce moment-là on signait et l'on signait ferme par toute la France une pétition à l'Assemblée pour que cette dernière permît, en revisant la Constitution, de proroger les pouvoirs du président. M. Léon Faucher, qui encourageait le mouvement de pétition-

---

mique s'engagea sur ce sujet et M. le général Randon fut forcé d'avouer que le ministre de la guerre du prince Louis-Napoléon et l'officier de Grenoble n'étaient qu'une seule et unique personne. Au lieu de se glorifier d'un acte, qui après tout était fort honorable, il préféra se retrancher derrière un argument assez médiocre : il répondit que s'il avait donné l'ordre de tirer sur Napoléon Iᵉʳ, c'est qu'il savait parfaitement que les soldats ne lui obéiraient pas.

nement, trouva le discours de Dijon imprudent et fit supprimer quelques phrases donnant plus d'accentuation au discours, notamment celle où le prince constatait les tendances répressives de l'Assemblée et sa résistance aux mesures de bienfaisance qu'il avait conçues dans l'intérêt du pays. Mais la phrase enlevée dans le compte rendu du *Moniteur* avait été réellement prononcée et fut publiée dans un journal ami de l'Elysée. La presse républicaine et les feuilles de la rue de Poitiers demandèrent des éclaircissements qui ne pouvaient leur être donnés M. Léon Faucher, qui avait du goût pour la domination, aurait désiré un démenti; mais il n'était pas soutenu par les ministres dévoués au prince, qui finit par lui répondre sèchement :

« Vous êtes responsable de ce que vous contresignez, vous ne pouvez l'être de ce que je dis. »

La Bourse, ahurie, baissa; l'Assemblée se fâcha et voulut escarmoucher avant d'entrer dans la discussion; il y eut des mots aigres de part et d'autre; mais il fallut enfin arriver à la revision.

Toutes les opinions se présentèrent à la barre; toutes sucessivement vinrent dire : Nous ne voulons pas du prince Louis. Toutes, par leurs orateurs les plus éminents, vinrent le déclarer avec solennité et fracas. Lorsqu'on relit aujourd'hui tous ces discours qui ne tiennent pas moins de cent cinquante pages du *Moniteur universel,* on sent bien mieux qu'alors l'inanité de toutes ces paroles creuses. Les républicains ayant la raison pour eux, pouvant dire : « Nous avons la République qui nous convient, nous ne voyons pas pourquoi nous en sortirions de gaieté de cœur », se laissèrent aller à des allusions personnelles qui gâtèrent leur cause. Le discours du général Cavaignac fut niais, tranchant et déplacé devant une Assemblée qui n'avait pas les mêmes opinions que la Constituante. Les monarchistes répétèrent toujours et sans cesse qu'ils avaient le roi, qu'il fallait se réserver pour la royauté, et ne conclurent jamais, car ils ne pouvaient pas conclure. Ce pénible débat fut clos par un vote de 446 voix en faveur de la revision, et de 278 contre. Mais cette majorité, imposante dans toute autre question, était une défaite dans la question de la revision. L'article 111 de la Constitution — pour qu'on pût reviser — exigeait les trois quarts des voix, c'est-à-dire 543. Les chinoiseries constitutionnelles qui sont la passion des parlementaires n'ont jamais gardé aucun gouvernement. Mais les hommes qui avaient rédigé la Constitution de 1848 étaient presque tous des politiques de l'école de M. Thiers, qui avait dit au commencement de l'année 1829, en parlant des Bourbons :

« Il faut les enfermer dans la Charte et au besoin les y fusiller. »

On ne mesurera jamais exactement la part de ce petit scélérat dans les malheurs de sa patrie.

L'espoir de la revision fut donc retiré à la France.

L'empereur Napoléon III a dit souvent : « Si l'on m'avait accordé la revision, le coup d'État devenait impossible ! » Il se trompait ; la revision d'une Constitution n'est jamais une solution définitive ; c'est une étape. On l'eût réélu pour trois ans, que les mêmes oppositions se seraient soulevées, de 1851 à 1854, contre lui. M. Thiers votant avec Raspail et Lagrange contre la revision était logique autant qu'eux, mais sa détermination aurait dû effrayer ceux des monarchistes qui rêvaient soit la restauration de Henri V, soit la présidence du prince de Joinville. En effet, Henri V n'était possible qu'à des conditions difficiles à prévoir et qui auraient écarté M. Thiers des affaires pour longtemps, et la suppression de la revision supprimait la candidature du prince de Joinville.

On a prétendu qu'alors le prince avait essayé de renouer avec le général Changarnier. En effet, avant la discussion de la revision, le fidèle Achate du président, M. de Persigny, s'était présenté dans le petit appartement meublé que Changarnier occupait au faubourg Saint-Honoré et où il fut arrêté le 2 décembre. En voyant le vieux général dans une chambre froide, carrelée de vilains carreaux rouges et tapissée pauvrement, Achate se serait même écrié :

« Dans quel triste réduit vois-je l'homme qui tient en ce moment dans ses mains les destinées du pays ! »

A quoi Changarnier aurait répondu :

« C'est parce qu'il me faut un petit cadre pour faire valoir ma grandeur. »

Si une lettre de M. de Persigny ne constatait pas la réalité de cette conférence, il faudrait ne pas y croire. Louis-Napoléon avait eu — et cela récemment — trop à souffrir des brusques retours d'humeur du général Changarnier pour songer à s'en rapprocher. Il est vraisemblable que M. de Persigny, qui ne croyait probablement pas à l'autorité de Saint-Arnaud, chercha de son autorité privée à reconquérir l'ex-commandant en chef de l'armée de Paris. Mais Changarnier n'était pas reconquérable, il ne pouvait plus appartenir à personne, il était trop plein de lui-même. Fallait-il donc croire ce que disaient les journaux d'alors, que le candidat à la présidence serait pour les légitimistes le général Changarnier? Il n'y aurait eu à cela rien d'impossible. On parlait d'ailleurs déjà assez ouvertement, bien qu'on fût loin encore de mai 1852, des candidats qui se disputeraient ce jour-là la présidence de la République. On discutait même dans la presse les titres et les chances de chacun d'eux, afin d'avoir l'air de ne pas croire à l'avenir du prince Louis. Les républicains formalistes présentaient décidément Cavaignac, les montagnards Nadaud, et les orléanistes le prince de Joinville, pour lequel, je viens de le dire, une revision de la Constitution était tout aussi nécessaire qu'au président en exercice.

CHAPITRE XII

Le prince et les indiscrets. — Le personnel civil et judiciaire est choisi pour le coup d'État. — Conquête de M. Billault. — Entrevue du prince et des chefs de la majorité. — L'opinion se prononce contre l'Assemblée. — Dernier changement de Cabinet.

Le prince me paraît avoir reconquis tout de suite sa placidité après le vote contre la revision.

On le voit dès lors traverser les événements avec le plus grand calme, la plus grande certitude; il se montre beaucoup au peuple, à l'armée, ne manque aucune occasion de dire son mot sur toute chose, d'annoncer ce qu'il ferait si le pouvoir durable lui était confié. Et dans son intimité, ce n'est point au conditionnel qu'il parle. Il dit à M. Duban : « J'achèverai les Tuileries. » Il annonce à des commerçants l'Exposition universelle de 1855, il leur recommande de se tenir prêts; le matin, on le voit à cheval, caracolant au Bois de Boulogne, qu'il veut remanier de fond en comble, et le soir on l'aperçoit dans le coin d'une avant-scène applaudissant le ténor à la mode ou lorgnant l'étoile du moment.

Aux légitimistes, aux orléanistes, il ne cache pas qu'il les sauvera, et malgré eux, de la Rouge. On lui a beaucoup reproché d'être resté impénétrable sur le jour, l'heure et la minute du coup d'État. On a eu grand tort, car il ne l'a jamais bien su lui-même. Le dernier moment venu, il hésitait encore. et pensait toujours que peut-être, avec le secours de la Providence et la protection de son étoile, il pourrait l'éviter. A un indiscret, disons le mot, à un niais, qui lui pose cette question : « On parle beaucoup de coup d'État ? » il répond : — « Y croyez-vous ? » — « Non, » fait l'indiscret, pris lui-même par l'improviste de la riposte. — « Eh bien, ni moi non plus ! » réplique le prince en secouant nonchalamment la cendre de sa cigarette.

Et, en effet, il n'y croyait pas, je le répète, et j'ai des raisons, certaines de le répéter. Il réunissait avec soin tous les éléments de son futur gouvernement, mais c'était avec la persuasion qu'une intervention du hasard le délivrerait de le nécessité d'un coup d'État. Dans le *Bonapartisme sous la République*, j'ai parlé de l'étoile, de la fameuse étoile que Napoléon Ier voyait dans le ciel le plus nébuleux ; elle n'a jamais quitté le chevet de Napoléon III. Il la distinguait nettement dès la tentative de Strasbourg ; à Ham, elle illuminait sa chambre de prisonnier, et lorsqu'il mourut en 1873, à Chislehurst, charcuté par le scalpel brutal d'ignorants praticiens anglais, elle éclaira même ses derniers moments.

Mais il avait heureusement à côté de lui, en 1851, des esprits moins rêveurs que le sien. Tous ces gens hardis qui l'entouraient ne s'étaient point dévoués à la fortune du prétendant pour échouer dans l'entrepont d'un vaisseau les conduisant à Cayenne. Tandis que lui entrevoyait le pouvoir, eux le voulaient et le voulaient âprement. Ils lui en parlaient tous les jours. Lorsqu'en janvier 1873, l'empereur recevait des complimenteurs qui lui représentaient le danger de différer plus longtemps son retour en France, on pouvait retrouver chez lui la même force d'espérance et la même concentration de sérénité. A un ami qui s'étonnait de son calme devant les instances de ses partisans, il répondit :

« J'ai connu, en 1850 et 1851, les mêmes ardeurs et les mêmes impatiences. Les mêmes hommes, poussés par les mêmes désirs, par les mêmes besoins, m'ont alors pressé d'avancer l'accomplissement de mes desseins. Aujourd'hui, comme alors, je ne prendrai conseil que des événements et jusqu'au moment où je jugerai qu'il est nécessaire d'agir, j'attendrai; mais soyez sûr que ce moment-là venu, je ne dirai pas à mes amis: allez, je vous suis; comme en 1851 je marcherai à leur tête, en leur disant: « Suivez-moi ! »

Mais en même temps qu'il était sage dans la temporisation, il ne négligeait aucun détail dans la préparation.

Si les papiers relatifs au coup d'État ont été conservés dans les Archives nationales, on pourrait y retrouver un état fourni le 15 septembre 1851 par le ministre de la guerre et donnant sur tous les officiers généraux, les colonels, les corps d'officiers et les régiments des renseignements très exacts et très précis. Une marge en blanc très large permettait au futur souverain d'inscrire ses impressions personnelles sur chaque individu, sur chaque corps. Il est vraisemblable que le ministre de l'intérieur et le ministre de la justice durent présenter des situations de personnel analogues; car les trois mois de septembre, octobre et novembre 1851 furent employés à des remaniements dans les préfectures et les parquets, aussi bien que dans les états-majors et les garnisons. Presque toutes les personnalités importantes passèrent par le cabinet du président ; souvent même là où les ministres ne voyaient qu'une vanité gonflée et outrecuidante, le prince distinguait une bonne volonté qui pouvait boucher un trou.

La fortune aussi extraordinaire qu'inattendue de M. de Maupas en est un exemple.

Jeune sous-préfet, élevé par les événements à la préfecture de la Haute-Garonne, il avait eu à propos d'une conspiration — que le parquet n'avait pas prise au sérieux — des mots aigres avec la magistrature locale, et comme il sortait désespéré d'une audience du garde des sceaux, il fut tout autrement reçu à l'Élysée. Le président, avec sa perspicacité, jugea qu'un administrateur de tant de zèle pouvait, dans une aussi vaste machine qu'un changement de gouvernement, être utilisé. Carlier, le fidèle, le solide, l'intelligent Carlier, l'homme qui avait réorganisé la préfecture de police et tous ses services, qui avait déjoué mille projets hostiles, et notamment la conspiration parlementaire de la Commission de permanence, allait devenir impossible, parce qu'il s'était usé avant l'action : il devait être fatalement remplacé. On songea à M. de Maupas. L'insignifiance apparente de ce choix cachait aux yeux peu clairvoyants un pas vigoureux dans la voie de l'action. Le nouveau préfet de police, justement parce qu'il était sans antécédents, devait tenir tout entier dans la main, soit de M. de Morny, soit de M. de Persigny, les ministres probables du coup d'État.

M. de Persigny qui, au dernier moment, s'effaça devant la personnalité de M. de Morny, plus sympathique aux parlementaires, tient dès lors le nœud de toutes les intrigues qui s'agitent autour du président. C'est à lui que le prince dut la conquête, assez facile d'ailleurs, mais très utile, de M. Billault.

Avocat d'un immense talent et d'une prodigieuse activité, M. Billault n'était alors qu'un déclassé dans la politique. Non réélu à la Législative, après avoir montré à la Constituante peu de fixité dans ses votes, il était très irrité contre la République et surtout contre les républicains. Il ne lui avait pas fallu beaucoup de temps pour s'apercevoir que, sous un régime remuant et indéfini, il n'y a pas de sécurité pour les hommes de talent, toujours en butte aux attaques des hommes entreprenants. Doué d'autant d'ambition que de mérite, il s'était peu à peu tourné du côté de la présidence au fur et à mesure que les républicains s'étaient éloignés de lui.

Amené plusieurs fois à l'Élysée par M. de Persigny — et assez secrètement pour que ses amis intimes ne soupçonnassent pas encore ses intentions — M. Billault avait conseillé au prince de tenter un dernier effort sur les chefs de la majorité parlementaire, de mettre à nu devant eux la situation du pays, la nécessité de placer solidement la société à l'abri d'un coup de main anarchiste, enfin de leur demander et leur avis et leur appui.

« Les royalistes, disait M. Billault, se conduisent très mal et se conduiront mal jusqu'à la fin, parce qu'ils n'équilibrent pas leurs désirs sur leur puissance. Cependant, si leurs désirs sont irréalisables en ce moment, ils disposent à l'Assemblée d'une influence qu'on ne saurait ni nier, ni négliger. Il faut qu'ils sachent qu'à l'Élysée il y a un sauveur; que ce sauveur n'est pas leur ennemi personnel, s'il est l'adversaire de leurs espérances. Il faut surtout qu'ils ne puissent pas, le lendemain de l'événement, prétendre qu'ils ont été surpris. »

On raconte même à ce sujet une anecdote qui doit être vraie.

M. Billault, avec une très nette compréhension des hommes de parti, avait prédit à Louis-Napoléon ce que lui répondrait chacun des personnages qui devaient être convoqués, et indiqué que cette conférence n'avait d'autre but que de bien démontrer au prince qu'en dehors de lui, il n'existait en France, pratiquement, que le parti du désordre; théoriquement, que la monarchie.

C'était la démonstration de la nécessité du coup d'État.

Le prince hésitait beaucoup à tenter cette démarche suprême, après les injures personnelles qu'il avait reçues des gens dont il allait solliciter l'avis, et, le cas échéant, un appui efficace. Il exigea donc de M. Billault que, d'une pièce voisine, il assistât à la délibération, afin qu'au besoin il pût attester la réalité de ce dernier essai de conciliation — essai qui coûtait tant à son amour-propre.

Cette anecdote est tellement dans les mœurs du moment, elle m'a été si chaudement affirmée par quelqu'un — dont la position auprès de M. Billault m'est une garantie de vérité — que je n'hésite pas, je le répète, à la croire vraie. Ce qui est sûr, c'est que l'entrevue eut lieu, et que tous les chefs de la majorité — ainsi que l'avait prévu M. Billault — ne voulurent pas démordre du programme de M. Thiers : « Pas un sou, pas une minute ! » Le futur empereur eut beau leur demander par quels moyens secrets ils espéraient endiguer la marée montante, ils demeurèrent inflexibles.

Sans doute, ils convinrent que rien n'était possible pour eux ; mais la réélection du prince, c'était l'intronisation d'un état définitif, qui mettait un terme à leurs espérances, à leurs intrigues, à leur importance. Cela pouvait être à la rigueur le bien du pays, mais ce n'était pas la satisfaction de leurs intérêts.

Évidemment ces chefs ne représentaient qu'eux-mêmes ; car en même temps que les directeurs de la rue de Poitiers lui refusaient leur aide, pour conjurer un danger qu'ils avouaient patent et menaçant, les individualités secondaires affluaient à l'Élysée et disaient :

« Réussissez et nous serons à vous » (1) !

(1) Les adhésions arrivaient à l'Élysée en si grand nombre, que le prince, malgré l'avis des hommes d'action de son entourage, espéra jusqu'à la fin des vacances obtenir que la revision serait représentée dans les premiers jours de l'année 1852. Il y eut des négociations entamées, mais elles n'aboutirent point ; aussitôt que M. Thiers apprenait qu'un représentant de la majorité inclinait vers cette solution, il le dénonçait à ses amis et entreprenait une campagne pour le ramener dans les rangs des ennemis de l'Élysée. C'est par un jeune représentant, très lié avec M. Thiers, que le prince apprit toutes les menées qui se tramaient contre lui ; menées qui changeaient chaque jour

2.

Parler ainsi, c'était promettre de ne pas s'opposer à outrance. La prompte soumission de la majorité de l'Assemblée, après un simulacre de résistance et une formalité d'arrestation, si elle ne fut pas, au 2 décembre, une comédie réglée d'avance, fut certainement le résultat d'une entente cordiale due surtout aux excellents rapports que MM. de Morny et de Persigny entretenaient avec leurs collègues de l'Assemblée.

Mais le 26 octobre 1851, lorsqu'on vit arriver le général de division Leroy Saint-Arnaud au ministère de la guerre ; lorsqu'on vit ce brigadier d'hier, pris hors du Parlement, devenir tout à coup le chef des plus

---

d'aspect. Quand il n'était pas au pouvoir et qu'il ne pouvait pas exercer ses goûts de petit tyran asiatique, M. Thiers n'était qu'une javotte politique, crédule comme une vieille femme et conspirateur à la façon des portières.

A la fin de 1851, il était arrivé à un tel état d'exaspération contre le prince, qu'il ouvrit des négociations avec le fils du roi Jérôme. En 1848, M. Thiers avait songé à faire de l'ex-roi de Westphalie un candidat à la présidence, justement parce que les sénatus-consultes le plaçaient en dehors de l'hérédité impériale. Trois ans après, il cherchait à faire de son fils un rival de l'héritier de Napoléon 1er.

Il n'y a pas de petites intrigues dans lesquelles M. Thiers n'ait descendu à cette époque. M. de Girardin racontait là-dessus une foule d'anecdotes piquantes ; et c'est au fondateur du journal *la Presse* que nous avons entendu dire plusieurs fois que lorsque M. Thiers n'était pas le chef du gouvernement, il en était le portier.

vieux divisionnaires, le doute n'était plus permis à personne.

Le coup d'État allait se faire ; le général ne pouvait venir que pour cela. On avait pleuré à la rue de Poitiers lors du départ de Changarnier ; on n'avait pas trop craint le général Baraguay-d'Hilliers, mais le portefeuille de la guerre donné à Saint-Arnaud, en même temps que le commandement de Paris au général Magnan, c'était un acte menaçant, et il fallait que le prince fût bien sûr de ses forces pour oser de tels actes.

Les choses avaient bien changé, en effet, depuis que le commandant Fleury était parti racoler en Algérie un futur ministre de la guerre.

Le prince n'était plus ce prétendant timide, écoutant d'un air distrait les harangues triomphantes du général Changarnier, passant par les volontés de l'illustre épée ; ce n'était pas non plus ce pouvoir exécutif, soumis en tout au pouvoir législatif ; c'était un homme qu'on avait désespéré et exaspéré, qui n'avait plus d'autre ressource que de parler en maître, et qui, s'il voulait bien encore entendre des conseils, voulait finalement être obéi.

Ce changement s'était accompli rapidement — et très rapidement ; je vais raconter comment :

C'était bien simple.

En refusant la revision que demandaient 71 conseils généraux et des pétitions couvertes de près de deux millions de signatures, l'Assemblée avait affolé le pays. Dans un discours prononcé alors par M. Dupin au comice agricole de Nevers, le spirituel président de l'Assemblée législative disait à ses rustiques auditeurs :

« La plupart d'entre vous disent : Comment faire ? et pour employer vos propres termes : *Comment donc qu'ça va se passer ?* »

C'était, en effet, bien là la question que tout le monde se posait. Le travail se ralentissait, les transactions devenaient plus difficiles — et il n'y avait pas de remède légal à l'état légal, cause du mal. Nous n'étions pas habitués encore en France à supporter, sans rien dire, un gouvernement parlementaire inutile et malfaisant ; or, comme l'administration était bien concentrée par la Constitution dans les mains du pouvoir exécutif, érigé par les royalistes à l'image de la royauté, le mal était encore plus politique que social.

« Si nous n'avions pas d'Assemblée, répétaient les commerçants, ça marcherait tout seul. »

C'était là le mot général.

Lorsque le prince Louis-Napoléon, en 1848, était arrivé, il ignorait absolument la France. Les réfugiés, les exilés, les conspirateurs qui l'avaient aidé à Strasbourg et à Boulogne n'étaient point des hommes de premier ordre; ils n'avaient rien dû et su lui expliquer. En prison, il avait reçu des visites de républicains ou d'hommes politiques qui contenaient la France dans leur cerveau — comme M. Louis Blanc, par exemple — et dont il n'avait pu tirer grand profit pour son instruction. Il fut donc, au moins pendant deux ans, 1848 et 1849, à la merci des intrigants et des gens hardis. Mais, dès 1850, cet observateur avait conquis un jugement très fin et commençait à trier les hommes et les choses. Ses progrès pendant l'année 1851 furent considérables, et lorsqu'il fit le coup d'État, il était devenu presqu'aussi *connaisseur des Français* que s'il n'avait jamais quitté la France.

M. Rouher, qui, de tous ses ministres, est celui qui l'a le plus pénétré, racontait volontiers, à propos des hommes sur lesquels l'empereur s'est trompé, que c'était toujours sur des apparences très réelles qu'il avait porté un jugement trop indulgent. Excessivement bienveillant, même trop hardi dans les expériences qu'il faisait sur les hommes nouveaux, Napoléon III n'a jamais rebuté aucune bonne volonté.

Il y a toujours en France, parmi les professeurs, les hommes de lettres et les avocats une quantité énorme d'individus qui rêvent la bifurcation de leur carrière et l'échange de leur petite renommée contre une casaque de conseiller d'État ou un portefeuille de ministre ; que la rage des gros appointements et l'amour de la position officielle tourmentent ; qui préfèrent être quelque chose que quelqu'un. En 1851, tous ces gens-là s'étaient tournés vers l'aurore de l'Empire et avaient, par leurs éloges, donné au futur empereur une grande confiance en soi. Ils lui apportaient l'anecdote du jour, le mot net de la situation ; ils lui racontaient ce qu'était celui-ci et ce que pouvait être celle-là. Le « perroquet mélancolique » était devenu un prince aimable. Si la politique est l'art de prévoir, l'administration, au contraire, est l'art de se souvenir des talents de chacun afin de les utiliser au profit de tous ; le président était déjà administrateur.

Cependant, il était encore mieux informé sur l'état de l'opinion générale que sur la situation des personnes. La police générale de la France — le public ne le sait pas — est organisée depuis un siècle sur un pied dont aucun gouvernement n'a négligé d'entretenir et même d'augmenter la force. Tous les cinq jours, les colonels de gendarmerie, les chefs de Parquets, les préfets adressent aux ministres de la guerre, de la justice et de l'intérieur, des rapports détaillés sur ce qui se passe par toute la France. Souvent, il est vrai, certains de ces fonctionnaires se trompent, mais ils ne se trompent pas tous, et un ministre intelligent sait discerner le vrai du faux. Nous avons vu qu'avant le 10 décembre 1848, la gendarmerie avertit le général Cavaignac de l'immense majorité qu'obtiendrait le prince Louis-Napoléon. Pendant toute l'année 1851, les rapports des cinq jours signalèrent le désir des populations d'en finir avec l'Assemblée législative. Ils ne cachèrent point que quelques localités résisteraient. D'ailleurs, il existe toujours des fonctionnaires couards ou importants qui exagèrent le péril par nature, soit qu'ils le craignent réellement, soit qu'ils veuillent en tirer le meilleur parti possible pour leur avancement. Mais l'attitude générale n'était pas difficile à dégager ; on en avait par-dessus les épaules de messieurs les vingt-cinq francs, bien qu'ils fussent beaucoup moins sots que ceux d'aujourd'hui ;

mais l'on reconnaissait leur impuissance, on savait qu'ils recevraient du balai quelque part, on les méprisait autant dans la rue qu'on en avait peu peur à l'Élysée.

Et de fait, l'Assemblée était tellement insupportable que le ministère donna sa démission en masse et fut remplacé, le 26 octobre, par le Cabinet suivant, Cabinet illustre, si on le compare aux cabinets d'à présent, mais qui fut alors considéré comme un ministère de remplacement.

En voici la composition :

Justice, Corbin, procureur général à Bourges ; *Affaires étrangères*, Turgot, ancien pair de France ; *Instruction publique et cultes*, Charles Giraud, membre de l'Institut ; *Intérieur*, de Thorigny, ancien magistrat ; *Agriculture et commerce*, de Casabianca, représentant ; *Travaux publics*, Lacrosse, vice-président de l'Assemblée ; *Marine*, H. Fortoul, représentant ; *Préfecture de police*, Maupas.

Dans ce ministère presque extraparlementaire, le ministre de la guerre, M. Leroy Saint-Arnaud, savait seul ce qu'il allait faire.

CHAPITRE XIII

Les troupes d'Afrique appelées à Paris. — La garde nationale paralysée. — Pourquoi l'armée était dévouée corps et âme au prince. — Saint-Arnaud et l'armée de Paris. — La loterie du *Lingot d'Or*. — La proposition des questeurs. — Délibération à l'Élysée. — Les ordres sont donnés pour faire le coup d'État le 17 novembre.

On avait fait venir le général Saint-Arnaud à Paris quelques semaines avant de le placer au ministère, et on lui avait provisoirement confié le commandement de la 2e division de l'armée qui y était réunie. Cette armée fut, sur ses conseils, complètement réorganisée.

Le commandement en chef en fut donné, comme je viens de le dire, à Magnan ; on lui avait adjoint comme chef d'état-major général le brigadier Cornemuse, officier très calme, très sûr et dévoué au coup d'État.

Les divisionnaires Carrelet, Renaud et Levasseur étaient à la tête de l'infanterie. Le premier, un ancien colonel de la garde municipale de Paris sous Louis-Philippe, connaissait la capitale sur le bout du doigt; les deux autres étaient des Africains très propres à contrebalancer, dans l'opinion des soldats, les Lamoricière, les Cavaignac, les Bedeau, un peu oubliés depuis trois ans qu'ils avaient abandonné le commandement des troupes, pour aborder les luttes de la tribune. Les brigadiers avaient été triés sur le volet; en voici la liste : de Cotte, Martin de Bourgon, Canrobert, Dulac, Sauboul, Forey, Ripert, Herbillon, Marulaz et Aulas de Courtigis.

Il convient ici de se rappeler que sous l'influence du général Changarnier une foule d'officiers orléanistes avaient été appelés à Paris et que depuis les revues de Satory (août et septembre 1850) plusieurs régiments d'infanterie passaient pour être hostiles à l'Élysée, parce qu'ils avaient défilé silencieusement. Sans blesser les droits de personne — car alors la garnison de Paris constituait presqu'un droit de deux années de présence pour les régiments qui y étaient appelés — on mit à profit les mutations d'automne pour amener dans la capitale des corps qui avaient fait l'expédition de la Kabylie avec Saint-Arnaud, notamment les 38ᵉ, 43ᵉ et 51ᵉ de ligne. Plusieurs colonels furent également changés. Quant à la cavalerie, elle avait toujours donné, dans toutes les cérémonies militaires, des preuves d'un enthousiasme fanatique pour la personne du président. Sous les ordres des généraux Korte, Tartas et d'Allonville, les 1er et 2e carabiniers, 5e et 7e cuirassiers, 1er et 7e lanciers devaient apporter un puissant concours au coup d'État militaire.

La situation au 30 novembre donne, pour les 21 régiments d'infanterie, les 4 bataillons de chasseurs à pied, les 6 régiments de cavalerie, les 21 batteries d'artillerie (126 pièces), les 5 compagnies du génie, la garde républicaine et les 2 bataillons de gendarmerie mobile, un effectif de 47,928 hommes et 4,000 chevaux. Ces troupes étaient magnifiques, bien dans la main de leurs chefs et aussi capables, par leur patience, leur nombre et leur attitude, d'éviter la lutte que de la mener vivement.

La garde nationale fut également une des préoccupations du moment. On ne pouvait oublier quelle influence elle exerçait sur l'armée. En 1830, c'est la réapparition de son uniforme qui avait déterminé la défection des quatre régiments de la ligne formant, avec la garde royale, la garnison de Paris. En février 1848, elle avait paralysé toutes les manœuvres militaires ; j'en sais quelque chose. Je faisais partie d'une compagnie de grenadiers de la 5ᵉ légion ; j'étais parti, le 23 à midi, moi employé du gouvernement, pour remettre l'ordre et à quatre heures je concourais à la prise et au désarmement de la caserne des municipaux du faubourg Saint-Martin. Enfin, en Juin, l'armée avait donné généreusement son sang, parce qu'elle le mêlait à celui de la garde citoyenne.

On ne pouvait songer à dissoudre cette dernière comme une Assemblée. Douze légions dont les états-majors sont disséminés par tout Paris ne s'annihilent pas facilement. Il n'était pas possible de compter sur le général Perrot, son commandant supérieur, fort excellent homme, un peu orléaniste, mais plus encore imprégné du sentiment de sa dignité personnelle. Il n'aurait pas admis qu'on lui fît jouer un rôle de compère. On l'estimait à l'Élysée, on ne voulait pas le mettre dans une situation fausse ; d'un autre côté, lui demander sa démission, c'était annoncer au public qu'on allait tenter quelque chose. On imagina de lui enlever son chef d'état-major, officier de l'armée, sous prétexte de l'employer activement, et on lui imposa le colonel Vieyra, de la garde nationale, très dévoué à l'Élysée et l'un des héros du sac de l'imprimerie Dubuisson au 13 juin 1849.

M. Perrot, comme on s'y attendait, refusa de passer sous les fourches d'un chef d'état-major qui n'était pas militaire et qu'il avait mille raisons polies de ne pas accepter, et M. le général de Lawœstine — dont on connaissait la complaisance à toute épreuve — fut installé à l'état-major des Tuileries. Ses instructions étaient d'obéir en tout et pour tout à son chef d'état-major.

On fut bien assuré dès lors que la garde nationale serait, coûte que coûte, écartée du conflit et mise hors de cause. En effet, au 2 Décembre, tous les colonels reçurent la consigne d'empêcher de battre le rappel et au besoin de crever les caisses de leurs tambours, s'ils ne pouvaient les mettre sous clef.

C'était une réminiscence spirituelle de la réorganisation de la garde nationale parisienne par le général Bonaparte après vendémiaire.

Je n'ai jamais compris alors la sécurité des représentants à la Législative. J'en rencontrais fréquemment et de toutes les opinions, soit dans nos bureaux, soit dans le monde, et jamais je n'en ai entendu un se préoccuper de ce triage d'officiers et de régiments qui devait signifier quelque chose. Les 48,000 hommes présents de l'armée de Paris auraient dû les tenir en éveil. Très entraînée, se faisant respecter de la population civile, tenant haut la tête et ne cachant point que toutes ses sympathies étaient pour l'Élysée, cette armée n'était pas réunie pour autre chose que pour faire sauter les représentants par les fenêtres du Palais-Bourbon.

Il était loin, en effet, le temps où, l'esprit des Tuileries se répercutant dans quelques régiments, on y caressait l'idée de mettre le président à Vincennes. Les revues de brigade passées par le président, soit au Champ de Mars, soit à Versailles, avaient transformé l'opinion des troupes. Ce n'étaient pas seulement les cigares, le champagne et les collations qui agissaient, c'était surtout l'affabilité cordiale du président. A force de répéter aux soldats et aux officiers qu'il se trouvait bien au milieu d'eux, le prince s'était identifié avec leurs intérêts, avec leur existence. Son nom flattait les instincts naturels de l'armée, qu'une longue paix, à peine corrigée par les expéditions africaines, mettait en goût de batailles et de conquêtes. D'ailleurs une bonne armée doit toujours désirer instinctivement la guerre pour laquelle elle est faite et instruite; une armée qui désirerait la paix à tout prix serait une garde nationale ; et l'armée d'alors, quoique mal organisée pour la guerre extérieure, se sentait des qualités viriles ; elle brûlait du désir de les montrer à l'étranger.

Un peuple qui possède une grande armée, qui dépense beaucoup pour elle, doit compter avec les instincts généreux et patriotiques que développent les mœurs militaires. Louis-Philippe, en 1848, n'avait pas été défendu par l'armée, un peu peut-être parce que l'opposition républicaine avait flétri son règne pacifique du nom de *régime de paix à tout prix*. Et cependant l'armée passait pour orléaniste en 1847, et elle l'était en effet ; mais en plaçant tous ses fils en tête des armées : le duc d'Aumale au gouvernement de l'Algérie ; le duc de Nemours au commandement suprême de la cavalerie, le duc de Montpensier au meilleur poste de l'artillerie et le prince de Joinville au-dessus du ministre de la marine, le roi avait manqué de modération dans sa politique militaire. Il avait refroidi les dévouements en même temps qu'il avait découragé les ambitions. C'est pour l'avoir entendu répéter par des officiers généraux indépendants et fermes d'esprit comme le maréchal Bugeaud, comme Carrelet, Létang, Lamoricière et vingt autres, que je me crois autorisé à répéter cette opinion.

Louis-Napoléon, au contraire, était une page blanche, intacte. Son règne, car pour les officiers et les soldats il était absolument certain qu'il serait empereur, son règne devait être l'effacement complet des traités de 1815 et la cessation de cette longue paix qui énervait l'armée. Il n'avait d'ailleurs autour de lui aucun prince dont il pût faire un commandant d'armée ; son oncle, le roi Jérôme, le vétéran de Waterloo, était trop vieux et l'on ne pensait pas qu'il aurait jamais la fantaisie — assez excentrique du reste — de faire de son cousin, le prince de la Montagne, un général de division (1). Toutes ces explications sont nécessaires pour bien faire comprendre l'engouement subit dont l'armée fut prise pour le prince Louis ; engouement tel que le 2 décembre les officiers les moins enthousiastes furent entraînés par

---

(1) Lorsque, le 9 mars 1854, le prince Napoléon, après des bouderies diverses, des tergiversations sans nombre, fut inscrit sur le tableau des généraux de division, hors rang, il y eut un vif mécontentement dans l'armée.

La radiation illégale des contrôles de l'armée après le 2 décembre 1851, de quelques officiers, avait blessé beaucoup d'esprits droits et raides, — et il y en a sous l'uniforme beaucoup plus qu'on ne croit ; — mais à propos de la nomination du général Napoléon, il y eut des observations fort catégoriques. « Qui obéira, dit-on à l'empereur, à cet homme qui ne sait pas commander ? » Il fallut que le général Canrobert, toujours très complaisant et

l'élan de leurs troupes ; et que ce pauvre colonel de Margadel, qui commandait le 14ᵉ de ligne aux baraquements des Invalides, vit tout son corps d'officiers lui tourner le dos, pour avoir dit simplement :

« C'est grave, messieurs; en définitive la Constitution est violée. »

Un officier plus lié avec lui que ses autres camarades, voulant couper court à de plus amples communications, lui dit à l'oreille :

« Vous avez froid, mon colonel; vous avez eu tort d'oublier votre caban. »

Un seul général en activité en province demanda d'être remplacé ; cinq ou six officiers refusèrent le serment. Ce furent là toutes les protestations militaires contre le coup d'État. J'allais oublier que le dépôt d'un régiment de ligne, placé dans le sud-est, fournit à la résistance un contingent de quatre sous-officiers et de vingt-sept hommes.

Le général Leroy Saint-Arnaud avait donc

---

souvent trop bon, se chargeât de le présenter et d'être en quelque sorte son parrain, devant une petite réunion de troupes qu'on organisa spécialement pour la circonstance.

On sait par quelles suites de maladresses le prince Napoléon, qui s'était conduit à l'Alma en homme de cœur, a fini par conquérir aux yeux de l'armée la réputation d'un soldat peu jaloux des postes dangereux; mais ce qu'on ne sait pas, c'est qu'il a montré toujours peu de goût pour les obligations même pacifiques de son grade et que cela a toujours été pour lui une corvée d'en revêtir l'uniforme.

raison de se porter fort des sentiments de l'armée lorsque, prenant le portefeuille de la guerre, il rédigea un ordre du jour dans lequel les adversaires de l'Élysée relevèrent avec effroi les lignes suivantes :

« Esprit de corps, culte du drapeau, soli-
» lidarité de gloire, que ces nobles traditions
» nous inspirent et nous soutiennent. Por-
» tons si haut l'honneur militaire qu'au *milieu*
» *des éléments de dissolution qui fermentent autour*
» *de nous il apparaisse comme moyen de salut à*
» *la société menacée.* »

Cet ordre du jour était accompagné d'une circulaire aux généraux, leur recommandant l'*obéissance passive*. « La responsabilité, disait
» le ministre, ne se partage pas ; elle s'arrête
» au chef de qui l'ordre émane ; elle couvre
» à tous les degrés l'obéissance et l'exécu-
» tion ; » et en même temps il faisait gratter et laver les murs des casernes où s'étalait le décret du 11 mai 1848, conférant à l'Assemblée le droit de requérir les troupes nécessaires à sa sûreté.

Jusqu'au refus de la revision, toute cause plausible avait manqué au président pour faire un coup de force. Ce refus lui avait donné la cause ; la conduite nette et provocatrice du nouveau ministre de la guerre allait lui fournir l'occasion.

On a beaucoup écrit sur les journées de décembre 1851, mais personne encore n'a percé à jour les motifs qui poussèrent Saint-Arnaud à faire enlever des casernes un décret ayant force de loi et qui, dans l'esprit des questeurs, était — il ne pouvait l'ignorer — la meilleure garantie des droits de l'Assemblée législative. Mon opinion, basée sur tous les actes du moment, est que Saint-Arnaud, sentant complets dans ses mains tous les rouages militaires du coup d'État, ne voulait pas les laisser désagréger par l'attente. Il voulait engager la lutte; il était pressé d'accomplir sa tâche. Le président n'était pas aussi pressé que lui; il lui manquait encore quelques atouts; à la cause, à l'occasion, il voulait joindre le bon droit. Aussi lorsque l'Assemblée revint le 4 novembre de ses petites vacances, elle trouva un message dans lequel le prince prenait l'initiative de la suppression, ou tout au moins de la réformation de la loi du 31 mai.

L'Assemblée, qui avait déjà implicitement et explicitement repoussé, avec la revision, toute atténuation de la loi du 31 mai, ne fit aucune façon pour ajourner ou plutôt pour refuser toute discussion sur la proposition du pouvoir exécutif. Le 13 novembre, 353 voix contre 347 avaient exécuté et mis à néant l'offre du président de réconcilier les deux pouvoirs sur l'autel restauré du suffrage universel.

L'agitation était arrivée à son comble dans tous les esprits. On se demandait qui serait le plus diligent de l'Assemblée ou du président, qui des deux mettrait l'autre dans le sac. Les gens à caractère aimable offraient de parier *pour le président à Vincennes*, ou *pour les représentants à Mazas.* Il y avait des parieurs pour les deux solutions, lorsque les questeurs, MM. Baze, le général Le Flô et de Planat, ayant été avisés de la suppression de l'affiche du 11 mai 1848, réenfourchèrent le dada de la réquisition directe, occasion de brouilles fréquentes, de tiraillements incessants entre la questure de l'Assemblée et le gouverneur militaire de Paris.

Le dimanche 16 novembre 1851, tout Paris était vivement préoccupé du tirage de la loterie du *Lingot d'Or*, qui avait lieu au cirque des Champs-Élysées. Cette loterie, dont il faut parler, lorsqu'on étudie le coup d'État, comptait sept millions de billets et offrait, outre un certain nombre de lots assez ronds, une somme de 400,000 francs au premier numéro sortant.

Le bruit a couru qu'organisée par un nommé Orsi — qui avait joué un rôle dans l'affaire de Boulogne et qui depuis fut inquiété et condamné pour une société de docks aux environs de Paris — cette loterie n'était destinée qu'à fournir des fonds à l'Élysée. D'autres reproches plus sérieux et plus véridiques lui furent adressés; on reconnut d'abord après le tirage que des numéros doubles avaient été mis en vente; mais, par des restitutions vivement opérées, on éteignit toutes les plaintes; et, après le tirage, elle ne tint pas ses engagements. C'est avec la réunion de toutes ces circonstances et de l'indulgence de la police et du parquet pour des faits très répréhensibles, que le parti orléaniste, toujours le plus inventif lorsqu'il s'agit de reprocher quelque chose à l'Empire, fabriqua la fable des millions donnés par Orsi au prince Louis-Napoléon. Quoi qu'il en fût, ce tirage était un de ces gros événements parisiens qui suspendent la vie de la grande ville pendant quelques heures.

Juste au moment où cette cérémonie s'accomplissait, le ministre de la guerre et le ministre de l'intérieur se débattaient, devant la 24e commission d'initiative parlementaire, pour répondre aux diverses questions que pouvait suggérer le dépôt d'un projet de loi sur la réquisition directe, ainsi conçu :

« ARTICLE UNIQUE. — Le président de l'Assemblée est chargé de veiller à la sûreté intérieure et extérieure de l'Assemblée.

» A cet effet, il a droit de requérir la force armée et toutes les autorités militaires dont il juge le concours nécessaire.

» Les réquisitions peuvent être adressées directement à tous les officiers, commandants ou fonctionnaires, qui sont tenus d'y obtempérer immédiatement, sous les peines portées par les lois. »

Déjà, dans trois séances de la 24ᵉ commission, les deux infortunés ministres avaient tenté de faire comprendre que le droit de réquisition du président de l'Assemblée était incontestable, s'il était exercé conformément à la logique et à la raison par le président de l'Assemblée s'adressant au commandant en chef; que si l'on voulait le faire descendre dans la pratique, à toutes les troupes et à tous les commandants de postes, il n'y avait plus de discipline possible. Mais la commission ne voulait pas seulement le droit de pourvoir à la sûreté de l'Assemblée; elle sentait l'orage militaire gronder à ses portes; elle entrevoyait, dans l'ombre du lendemain, les hussards d'Augereau et les grenadiers de Ponsard venant lui signifier brutalement son congé; elle voulait avoir le droit de se choisir une armée, de nommer le commandant en chef de cette armée et d'en disposer comme elle l'entendrait.

La loi sur la réquisition directe votée, l'Assemblée reprenait, et avec des droits superbes, toute l'autorité qu'elle avait perdue par la chute de Changarnier. Bien mieux, elle remettait Changarnier en place ; elle repassait à neuf son illustre épée et l'opposait au général Magnan. Elle pouvait même anéantir, son décret à la main, l'autorité tout entière du ministre de la guerre, requérir les troupes des provinces, appeler des généraux du fin fond de l'Afrique ; et enfin si bien confondre les attributions du pouvoir législatif et celles du pouvoir exécutif, qu'il fallait que l'un des deux sautât.

Le but de la réquisition directe, c'était Louis-Napoléon à Mazas et un point d'interrogation après.

Évidemment, il ne faut pas de pouvoir exécutif sous une République telle que la comprennent les républicains français. Et M. Grévy, lorsqu'il avait proposé son célèbre amendement, s'il n'avait pas prévu la présidence fainéante, le principat du *cochon à l'engrais*, avait visé avec une grande justesse les ambitions qui pourraient tenter un président de sang royal ou impérial. Mais la constitution de 1848, telle que l'avaient faite les monarchistes et les conservateurs, ne permettait pas la confusion des deux pouvoirs.

On prétend qu'exténué, à bout de patience, énervé, irrité et désespéré, le général Saint-Arnaud se serait levé en fermant son portefeuille et qu'un mot insolite serait sorti de sa bouche. Cela n'est pas vraisemblable, car une heure après, le ministre, l'air souriant, dictait aux officiers de son état-major le dispositif militaire de la journée du lendemain.

Le coup d'État était décidé. Tandis que mille crieurs vendaient les bulletins des numéros gagnants à la loterie du *Lingot d'Or*, le ministre s'était rendu de la commission à l'Élysée; là, il avait expliqué la situation au président, à M. de Morny, à M. de Persigny, à M. Mocquard et à M. Rouher, réunis en conseil. On avait examiné l'éventualité du vote du projet et la possibilité d'être devancé dans un coup de force par les questeurs Baze et Le Flô, qu'on savait très animés — et qui ne voyaient pas qu'ils seraient le lendemain de leur triomphe ou les dupes de M. Thiers ou bien les victimes de la Révolution brutale et anarchiste.

Il n'y avait donc pas à hésiter, on n'hésita point.

Sur les six ou huit délibérants qui se trouvaient là, la minorité proposa d'agir tout de suite, dans la nuit même du 16 au 17. On emprisonnait les généraux, M. Thiers et les montagnards les plus dangereux. Le 2 Décembre avait lieu le 17 novembre. Le prince était toujours très hésitant, lorsque M. Rouher fit observer judicieusement que les Républicains, montagnards et avancés, n'ayant aucun intérêt à se livrer aux Burgraves de la rue de Poitiers, il serait possible que la majorité se déplaçât. Le vote sur la loi du 31 mai n'avait donné que cinq voix de supériorité aux ennemis du suffrage universel, on pouvait encore espérer un meilleur succès contre une mesure qui devait livrer le pouvoir présidentiel et la République elle-même en pâture aux chefs de la réaction monarchique.

Le président s'étant déclaré tout de suite de l'avis de M. Rouher, on arrêta que le lendemain on serait prêt à toute éventualité, mais que l'on ajournerait le coup d'État à l'issue de la séance de l'Assemblée.

Voici le dispositif qui fut pris :

Le 1er et le 7e lanciers, commandés par les colonels de Rochefort et Feray, casernés au quai d'Orsay et à l'Ecole Militaire, appuyés de deux batteries, d'un bataillon de gendarmerie mobile, du 42e de ligne et de deux bataillons de chasseurs à pied, devaient, au premier signal, se rendre à l'Assemblée. La cavalerie et l'artillerie boucheraient toutes les issues à cinq cent mètres du Palais-Bourbon, tandis que l'infanterie ayant à sa tête le général Magnan, envahirait la Chambre, signifierait au président un décret de dissolution et procéderait à l'évacuation et à la démolition immédiate de la salle des délibérations.

En même temps toutes les troupes de l'armée de Paris iraient occuper leurs positions de combat.

La nuit se passa en démarches auprès des amis douteux pour les pousser à voter contre la proposition des questeurs, car le prince était sincère dans ses projets d'ajournement du coup d'État, il comptait toujours sur l'événement heureux, imprévu, providentiel; et puis le 17 novembre lui déplaisait, ce n'était pas une date comme le 2 Décembre.

CHAPITRE XIV

La séance du 17 novembre. — La maladresse de M. Vitet. — La Montagne et la Plaine. — Toast du 1er et du 7e lanciers. — Le coup d'État est ajourné. — Indiscrétions commises. — M. Dupin. — Un déjeuner chez le général Magnan.

De la séance du 17 novembre dépendait le sort immédiat de l'Elysée. Le *tout Paris* de la politique, dans la confidence des projets qui se formaient des deux côtés, s'était donné rendez-vous à l'Assemblée. Les tribunes étaient encombrées longtemps avant l'ouverture des débats; on pouvait y remarquer le général en chef de l'armée de Paris, en tenue bourgeoise, accompagné de deux aides de camp. Des mesures extraordinaires avaient été prises par les questeurs, dont l'air affairé montrait toutes les préoccupations. Il y avait du coup d'État dans l'air.

M. Ferdinand de Lasteyrie, prévoyant sans doute l'échec de ses amis, chercha tout d'abord à ramener la proposition des questeurs à la proportion d'une simple motion d'ordre et demanda le vote d'un ordre du jour, modeste en apparence et ainsi conçu :

« L'Assemblée nationale, vu l'article 32 de la Constitution ; considérant que le décret du 11 mai 1848 est toujours en vigueur, ordonne que ce décret sera affiché de nouveau dans les casernes et passe à l'ordre du jour. »

Le ministre de la guerre repoussa nettement cette proposition.

MM. Daru, de Broglie, de Montalembert, le général d'Hautpoul, de Goulard, et seize autres représentants, des plus autorisés de la fraction modérée de la majorité, demandèrent qu'on ne prît pas en considération la proposition des questeurs. Le débat s'envenima encore. M. le lieutenant-colonel Charras, trop animé même pour une journée où le calme était surtout nécessaire, s'efforça de démontrer qu'il fallait brider la présidence. MM. Michel (de Bourges) et Mathé lui répliquèrent que l'ennemi le plus dangereux pour la République était à droite. Une maladresse de M. Vitet (1), le rapporteur, donna

---

(1) M. Vitet était l'un des plus déplorables politiques que l'Académie — et elle en a fourni beaucoup — ait lâché dans le monde parlementaire. Ce littérateur vaniteux, âcre, tourmenté par des humeurs billeuses, se croyait un profond politique.

Il est resté maladroit jusqu'à la fin de sa vie.

Ce fut lui qui fut chargé, en mars 1871, d'écrire la proclamation que la nouvelle Assemblée nationale adressait au

la victoire à l'Élysée et M. Schœlcher put lui dire avec raison : « Vous avouez que votre proposition est faite contre nous. » M. Thiers eut beau revenir avec ses insinuations cauteleuses, la Montagne se séparait de la Plaine. Des pourparlers s'entamèrent hors séance (1), la Montagne fut inflexible, elle préféra voter contre la proposition avec l'Élysée que de donner le pouvoir aux amis de M. Thiers. 408 voix contre 300 repoussèrent la proposition des questeurs.

On a souvent et amèrement reproché à la Montagne cette alliance momentanée avec l'Élysée; on n'a jamais examiné ce qui serait advenu si la proposition Baze et Le Flô

peuple et à l'armée pour les convier à l'union et à la défense de l'ordre. Sa sécheresse, l'absence totale de pensée généreuse par laquelle surtout elle brillait, frappèrent M. Thiers, le plus sec et le moins sentimental des orateurs. Mais il n'y avait pas moyen de revenir sur le travail d'un a-ca-dé-mi-cien. La proclamation fut lue, adoptée, insérée à l'*Officiel*, mais affichée sans luxe et comme à la sourdine.

M. Vitet s'est beaucoup plaint de n'avoir pas été assez persécuté au coup d'État. M. de Morny avait dit :

« Surtout tâchez de ne pas mettre la main sur Vitet, c'est l'homme le plus utile à ses ennemis. »

Il fut cependant arrêté à la mairie du X° arrondissement mais relâché le lendemain.

(1) Dans un bureau où s'était réunie la Montagne, M. Thiers vint supplier les républicains de voter avec les royalistes; il épuisa toute son éloquence en pure perte. Le dernier mot échangé fut celui-ci :

« Vous vous perdez ! disait M. Thiers.

— Et bien, lui répondit-on, nous aimons mieux nous perdre que de vous sauver. »

avait été votée. Sans doute, les Montagnards n'auraient pas obtenu un meilleur sort de la part d'un gouvernement dirigé par M. Thiers et le général Changarnier. On avait si souvent répété dans les bureaux de l'Assemblée que le prince-président était un homme nul et l'on avait fait tant de bruit autour des espérances monarchiques, que les Montagnards devaient beaucoup moins craindre la restauration de l'Empire que celle de la Royauté. La stupidité des impérialistes et de leur candidat était alors le premier article de foi du catéchisme des grands politiques de la rue de Poitiers ; on avait trop méprisé cet adversaire tenace, plein de confiance dans son avenir et ayant entre les mains le pouvoir. La journée du 17 novembre fut le juste châtiment d'un parti trop imbu de la foi parlementaire. Battu par ses propres armes, il n'eut même pas l'esprit de reconnaître ses fautes et se répandit en injures contre les auxiliaires qui lui avaient fait défaut, sur lesquels il comptait, mais qui étaient restés dans la logique de leur opinion.

Pendant qu'on procédait au vote, le général Saint-Arnaud, très énervé par une discussion aussi redoutable pour un néophyte parlementaire, ne s'était pas bien rendu compte de la position de la question. Il avait cru à une défaite, et les allées et venues fréquentes des questeurs et du commissaire de police attaché à l'Assemblée lui avaient fait craindre qu'on voulût s'assurer de sa personne, même avant la victoire. Il avait de sa place fait signe au général Magnan de venir le rejoindre et s'était esquivé par le grand péristyle du quai. Là il avait pris son coupé et s'était fait conduire à l'état-major, aux Tuileries ; il y attendit quelques minutes le commandant en chef avec une impatience facile à comprendre, lorsqu'un de ses officiers, le capitaine Boyer, vint lui annoncer le vote favorable. Il remonta en voiture et, en arrivant à l'Élysée, il y trouva le général Magnan qui s'était trompé sur le lieu du rendez-vous assigné.

Le prince, tout prêt à endosser son uniforme de général de division et à monter à cheval, fut très heureux de cette solution pacifique.

On affirme qu'il aurait dit :

« Après tout, j'aime mieux qu'il en soit ainsi. »

Mais dans un pays d'indiscrétion et de publicité comme Paris, le secret des mesures militaires, ordonnées dans la soirée du 16, fut connu dès le 17 au soir de tout le monde. Ce fut la glose de tous les salons de

Paris. On racontait au *Jockey-Club* que les lanciers du colonel Rochefort, en donnant l'hospitalité à ceux du colonel Feray, avaient porté des toasts nombreux pour s'encourager à faire sauter les représentants par-dessus les grilles du palais législatif. Le général Magnan avait, paraît-il, de son côté, jasé un peu trop haut sur les éventualités du moment, car, en s'excusant, il demanda que pour l'avenir on ne le prévînt qu'à la dernière heure. On prêta alors un mot fort drôle au ministre de la guerre. Quelqu'un l'ayant vu s'esquiver au plus vite du Palais-Bourbon — lorsqu'il craignait d'être arrêté — lui aurait demandé où il allait, et il aurait répondu :

« On fait trop de bruit ici, je vais chercher la garde. »

Deux faits, qui n'ont pas été assez pris en considération par les historiens favorables ou hostiles au coup d'État, semblent démontrer que le général Saint-Arnaud avait absolument raison de craindre d'être arrêté, si la proposition des questeurs passait.

Quelques semaines avant la discussion de la revision, M. Dupin, président de l'Assemblée, avait offert sa démission à ses collègues, sans motif bien apparent. Le bonhomme, très redoutable au fauteuil pour tous les troubleurs de séance, à quelque parti qu'ils appartinssent, avocat fort courageux tant qu'il se sentait protégé par sa robe et la majesté de l'audience, n'était point — on le sait de reste — un foudre de guerre. Dès le mois d'avril, il avait été avisé officieusement que sa position inébranlable de président de l'Assemblée législative pourrait bien offrir quelques dangers, soit que le prince fît un coup d'État, soit que le bureau de l'Assemblée fût forcé par les circonstances de se transformer en gouvernement provisoire. M. Dupin, très sceptique en matière politique, était très crédule lorsqu'il s'agissait de sa sécurité personnelle; il craignait, à son âge, les émotions et la responsabilité du pouvoir actif, surtout au milieu d'événements révolutionnaires; il se détermina à donner sa démission pour s'effacer plus facilement au milieu de la tourmente qu'il prévoyait.

Il donna pour raison un dérangement dans sa santé, prit un congé d'un mois et fut très fâché de voir la majorité protester en masse contre sa démission. L'impossibilité de lui trouver un remplaçant de valeur fut pour beaucoup dans la protestation de la majorité. L'Assemblée d'alors n'était pas facile à présider; un avocaillon de cinquième ordre n'y aurait pas suffi comme aujourd'hui.

M. Dupin avait un mérite incontestable, celui d'être en quelque sorte imprégné jusqu'aux moelles du sentiment de ses hautes fonctions. Quant à l'Assemblée législative, emplie d'hommes de mérite, de personnages que les fonctions qu'ils avaient occupées, les services qu'ils avaient rendus au pays, classaient parmi les illustrations, elle voulait à sa tête un homme illustre lui-même, par ses talents et ses titres à la considération publique.

La conduite de M. Dupin au coup d'État, son ahurissement au milieu des représentants qui voulaient à toute force en faire un héros, semblent indiquer que le 2 décembre il fut surpris par une menace inopinée. Or, le 17 novembre, il savait absolument à quoi s'en tenir sur les desseins du pouvoir exécutif; tout prouve qu'il avait été prévenu. L'habileté avec laquelle il conduisit la discussion, son empressement à boucler le débat au moment opportun, alors que M. Émile de Girardin, dans l'espérance de retourner la Montagne, demandait une remise au lendemain, éveillèrent sur lui les soupçons d'un grand nombre de représentants de la droite. Il eut même à s'en expliquer dès le lendemain avec quelques fanatiques, et il s'en tira spirituellement en disant qu'il était le président de l'Assemblée et non le président de la majorité ou de la minorité.

Aussi M. Dupin n'a jamais su le premier mot des conspirations du bureau, conspirations en définitive fort anodines, et qui ne dépassèrent pas en activité les papiers saisis dans la nuit du 1ᵉʳ au 2 décembre, dans les bureaux des questeurs. MM. Baze et Le Flô n'avaient point le tempérament de conspirateurs ; leur courage pouvait s'exalter dans le devoir de la résistance légale ; s'ils s'étaient sentis armés d'un décret, peut-être auraient-ils cru de leur devoir de commencer la lutte ; mais, désarmés, sans soldats, sans majorité, ils flottaient indécis entre les déclamations du prétoire et l'héroïsme platonique du coin du feu. Ce n'était pas non plus chez le président de l'Assemblée que se réunissaient les conciliabules où trônait M. Thiers. Ce n'était pas de chez lui que partaient ces patrouilles ridiculisées par le *Charivari*, et ces Burgraves armés de parapluies explorant militairement les abords de l'Élysée, sous le commandement de l'historien de Napoléon Iᵉʳ.

Or, ces patrouilles sont historiques : MM. Thiers, Baze, Molé et de Lasteyrie ont été rencontrés dans la nuit du 17 au 18 novembre contournant l'Élysée et cherchant, au mouvement des ombres sur les fenêtres, à distinguer ce qui s'y passait. Ils furent même plaisantés par une bande de jeunes gens sortant d'un cours de danse et M. Thiers, dont la tête et la taille caractéristiques étaient bien connues, fut vivement apostrophé. Il pouvait être une heure et quart du matin et les hauts noctambules politiques montrèrent une certaine mauvaise humeur d'avoir été surpris dans leur ronde nocturne.

Toutes ces choses, M. Dupin devait les connaître. Aussi dans la nuit du 2 décembre on respecta son sommeil comme Changarnier avait, trois ans avant, respecté celui d'Armand Marrast. Et si Mme Baze, éplorée, n'était venue réclamer sa protection contre les agents qui arrêtaient son mari, il aurait pu avoir l'air d'ignorer ce qui se passait.

Lorsqu'il répondit au général Laydet, qui le pressait le lendemain matin de prendre quelque mesure pour sauver la dignité de l'Assemblée : « Je n'ai même pas quatre hommes et un caporal à envoyer se faire tuer pour nous », ce n'était pas le regret de n'avoir point à son service le droit de réquisition qui l'animait, c'était sa conscience parlementaire qui remontait le courant des événements accomplis.

Sans la complicité moralement effective de

M. Dupin, le coup d'État pouvait manquer ; M. Dupin savait donc tout ce qu'on avait pu lui confier. Lorsqu'un mois après il donna sa démission de procureur général de la cour de cassation, il en fut extrêmement vexé ; mais sa situation de liquidateur des biens de la famille d'Orléans l'y obligeait. Aussi, dès qu'il put dire décemment qu'il avait rempli ses devoirs envers « son ami Louis-Philippe », il reprit son siège et en accepta un au sénat. Le cynisme avec lequel il opéra cette nouvelle conversion est encore une preuve contre lui.

Un ami lui ayant demandé quel motif pressant l'avait poussé à cette résolution :

« J'étais sur le point, dit-il, d'être forcé de toucher à mes revenus. »

La journée du 17 novembre avait livré à la publicité les projets du coup d'État. On pouvait en parler librement, et les gens les moins prévoyants se levaient chaque matin avec la certitude que si ce n'était pas pour ce jour-là, ce serait pour le lendemain.

Je n'ai pas besoin de raconter ici les précautions que certains représentants prirent alors ; les uns réunirent chez eux des arsenaux intimes, d'autres allèrent coucher en ville et aucun d'eux ne prit la peine de se dire que les lendemains d'alarmes ne sont jamais la veille d'une bataille.

Il fallait alors au moins quinze jours pour reprendre haleine.

Le prétexte sérieux de renvoyer l'Assemblée ostensiblement, bravement, en plein jour, ayant été écarté, il fallait combiner un autre plan.

Ce n'était plus un coup d'État à la houzarde qu'il convenait de tenter. Le militaire ne devait plus compter sur son propre prestige pour enlever d'assaut la citadelle parlementaire ; il fallait s'adjoindre la police, faire des arrestations individuelles, attendre la lutte au lieu de la provoquer.

J'ai dit plus haut que le prince avait demandé à ses collaborateurs intimes un projet de Constitution et un ensemble de lois organiques pouvant former rapidement la législation de son gouvernement.

La difficulté était de donner à cet ensemble l'apparente solidité, non d'une charte octroyée par le souverain, mais d'une Constitution acceptée par le peuple tout entier. Il le fallait cependant pour rester fidèle au programme et aux précédents napoléoniens ; car on ne pouvait songer à demander à une représentation quelconque un instrument constitutionnel.

Toute l'utilité du coup d'État, tout son charme politique — s'il m'est permis d'employer cette expression — était dans sa transition rapide de l'ordre agité à l'ordre silencieux.

Pour qu'il fût *excusé*, il devait apporter aux Français un tout complet, un ensemble constitutionnel et gouvernemental d'un ordre supérieur à toute discussion. Si le gouvernement du prince Louis-Napoléon avait dû être une imitation saugrenue de la monarchie parlementaire, à quoi bon renverser la République ? Le prince n'était possible, désiré ou acceptable que parce que les monarchistes avaient défait la monarchie et que les républicains n'avaient pas su faire la République ; il fallait qu'il fût l'Empire, qu'il donnât d'abord la Constitution de l'Empire, pour en avoir le mot et le fait immédiatement après.

Je tiens de M. Rouher que toutes ces choses furent longuement débattues et arrêtées avant le 2 décembre, afin qu'elles ne causassent point de déboires et de déconvenues le lendemain.

Le coup d'État n'a été une spéculation que pour quelques amis secondaires du prince. Pour la plupart des hommes sérieux qui l'encourageaient et le secondaient c'était une nécessité politique. Ils ne voulaient point voir leur pays tomber dans l'état de liquéfaction, où l'a mis en 1884, l'absence de prince ayant la volonté de le sauver.

Sur le conseil de MM. Troplong et Rouher, le rétablissement du suffrage universel et sa mise en œuvre instantanée devaient être les grands moteurs de la révolution politique nouvelle. Le président, aussitôt la dissolution du pouvoir législatif élu, devait se faire conférer, en même temps que dix années de présidence, le pouvoir constituant jusqu'à la réunion d'une nouvelle Assemblée. De l'Empire, il fut certainement question parmi les intimes, parmi les amis de la veille; mais les amis nouveaux conseillaient la prudence et engageaient à ne point tourner trop vite et trop court, de peur de faire verser le char. J'ai entendu raconter par des familiers de ce temps-là qu'à M. de Persigny revient l'honneur d'avoir fait adopter la présidence de dix années par préférence à l'Empire, que M. de Morny voulait tout de suite.

M. de Persigny, qu'on a méconnu — et qui s'est peut-être méconnu lui-même dans les dernières années de sa vie — montrait toujours dans les circonstances importantes une grande lucidité et beaucoup d'ingéniosité politique.

Pendant les quatorze jours qui s'écoulèrent du 17 novembre au 1er décembre 1851, il y eut véritablement à l'Élysée deux Cabinets : celui qui gérait les affaires et celui qui préparait le coup d'État. Il avait été convenu que M. de Persigny serait le ministre de l'intérieur et M. de Morny le ministre des affaires étrangères de ce second Cabinet. Les autres ministres désignés : Rouher, Ducos, Magne, Lefebvre-Duruflé, Fortoul et Achille Fould étaient prêts et avaient nommé leurs chefs de Cabinet ; mais au dernier moment, nous verrons que des difficultés diverses modifièrent les choix faits, et arrêtèrent la publication de la liste ministérielle.

Le 9 novembre, en recevant des corps d'officiers arrivant d'Afrique pour prendre leur place dans les divisions de l'armée de Paris, le prince avait prononcé un discours dont la péroraison avait fait quelque bruit. Après avoir parlé hardiment de *son droit — reconnu par la Constitution*, avait ajouté après coup le prudent *Moniteur* — il avait terminé par cette phrase hautaine : « Si jamais le jour du dan- » ger arrivait, je ne ferais pas comme les gou- » vernants qui m'ont précédé et je ne vous » dirais pas : Marchez, je vous suis ; mais je » vous dirais : Je marche, suivez-moi. »

Dans l'état où se trouvaient les esprits, au milieu des circonstances parlementaires que l'on traversait, cette phrase eut un grand retentissement dans l'armée de Paris ; elle avait été blâmée par tous les journaux républicains et royalistes — et avec un tel ensemble, que beaucoup d'officiers s'étaient montrés fort irrités du langage des journalistes, qui les traitaient de sicaires et de légionnaires du Bas-Empire.

Il fallut que le général Magnan donnât des ordres précis pour que, dans les derniers jours de novembre, des cartels ne fussent pas envoyés par des officiers aux journaux anarchistes et royalistes. Il réunit tous les généraux et tous les chefs de corps dans un déjeuner, à la fin duquel il recommanda la prudence, la sagesse et où il déclara que tous les bruits du coup d'Etat étaient des inventions de feuillistes en démence.

A l'issue de ce déjeuner, un officier d'état-major disait à l'un de ses camarades :

« As-tu de la rente, des titres?...

— Pourquoi cela ?

— C'est que si tu as des précautions à prendre, il faut te dépêcher. Magnan vient d'annoncer qu'il n'y aurait pas de coup d'État... c'est qu'il aura lieu demain. »

CHAPITRE XV

Le haut commerce à l'Élysée. — M. Michel de Bourges et la Montagne — Les derniers jours. — Le colonel Espinasse. — Les réfugiés. — Les décrets de confiscation des biens de la famille d'Orléans. — La philosophie du 2 Décembre.

La véritable prudence, pour Louis-Napoléon, les derniers moments arrivés, c'était de dire fermement au peuple ce qu'il voulait faire. Aussi le 25 novembre, à six jours du coup d'État, distribuant des récompenses aux exposants français à Londres, après leur avoir tracé les grandes lignes que l'industrie française doit parcourir, le prince termina par cette péroraison prophétique qui ne cache plus rien de ses projets :

« Avant de nous séparer, permettez-moi de vous encourager à de nouveaux travaux. Entreprenez-les sans crainte ; ils empêcheront le chômage cet hiver. Ne redoutez pas l'avenir. La tranquillité sera maintenue, quoi qu'il arrive. Un gouvernement qui s'appuie sur la masse entière de la nation, qui n'a d'autre mobile que le bien public et qu'anime cette foi ardente qui vous guide sûrement, même à travers un espace où il n'y a pas de route tracée, ce gouvernement, dis-je, saura remplir sa mission, car il a en lui et le droit qui vient du peuple et la force qui vient de Dieu. »

Il fallait être bien aveugle pour demander, après ce discours, au président de la République, s'il tiendrait son serment du 20 décembre 1848.

Ce serment, les représentants l'avaient dénoncé eux-mêmes en votant la loi du 31 mai 1850; il n'en restait rien, puisque la Constitution avait été modifiée. D'ailleurs, le serment politique est tellement une formalité, que Louis-Napoléon Bonaparte, le lendemain du jour où il avait été contraint de sortir du sien, le rétablit naïvement pour les autres (1).

Mais que faisaient, pendant ce temps, les représentants du peuple, les immuables gardiens de la Constitution ?

Ils se sentaient débordés par l'opinion très

(1) Un matin à déjeûner, à Chislehurst, quelques courtisans du malheur déploraient la facilité avec laquelle plusieurs favoris des beaux jours avaient tourné après le 4 septembre. L'empereur paraissait très mécontent de ces diatribes intempestives contre des gens qui, après tout, faisaient leur métier de *serviteurs de l'État*, en le servant sous tous les régimes.

Un journaliste parisien, qui se trouvait là, et qui, n'ayant pa

favorable au président. Après le discours du 25, le prince avait reçu au palais de l'Élysée une sorte de délégation du commerce ; elle était entrée dans le cabinet du président, s'était entretenue un quart d'heure avec lui et était sortie ravie. Se sentant dans un milieu très sympathique, à un grand constructeur qui lui disait : « Cela ne peut durer plus longtemps ! » le prince avait répondu :

« Cela ne durera pas, monsieur, je vous l'affirme. »

Le mot rapporté à l'Assemblée et à la Bourse produisit deux effets inverses. A la Bourse on fut rassuré ; au Palais-Bourbon on fut irrité. Déjà les montagnards, sous le coup des injures que leur adressaient les royalistes ardents et les républicains modérés, commençaient à entrevoir la réalité du coup d'État et l'inanité des projets monarchistes.

M. Michel de Bourges, qui, dans la séance du 17 novembre, avait déterminé le vote des

---

été à la curée pendant le règne pouvait se permettre une respectueuse franchise après la chute, dit à l'empereur :

« Sire, c'est Votre Majesté qui a manqué le 1er septembre à tous les serments qu'on lui avait prêtés. Vous manquant, beaucoup de fonctionnaires ont pu se croire déliés. »

— Vous avez raison, monsieur X..., répliqua le souverain déchu, c'était l'opinion de Napoléon Ier ; il l'a consignée éloquemment dans la proclamation signée du golfe Juan. Quand vous serez de retour à Paris, faites donc un article pour bien expliquer cela. J'y tiens fort.

15

Montagnards, était surtout l'objet des sarcasmes des royalistes. Ce M. Michel de Bourges, dont la conduite a été très douteuse avant, pendant et après le coup d'État, fut toujours aux conseils pendant la résistance et jamais à l'action. S'il y eut, dans la Montagne parlementaire, quelques braves gens qui, avec Schœlcher, Madier de Montjau et d'autres, essayèrent, comme Baudin et Dussoubs cadet, de se faire tuer pour leur opinion, il devait y avoir une foule de phraseurs qui pérorèrent beaucoup dans des chambres bien closes. De ceux-là fut naturellement Jules Favre. Les avocats et les écrivains ne sont pas à leur place dans les émeutes de rue; M. de Morny les jugea bien, car il leur épargna, avant, une arrestation préventive, et après il les assura qu'ils ne seraient pas arrêtés. Depuis ils ont raconté tout autrement leurs prouesses ; mais si les morts pouvaient sortir de leurs tombes, on saurait que tout avait été préparé pour que le coup d'État n'amenât pas d'effusion de sang, et que beaucoup de républicains en avaient été prévenus. Ce ne fut que le 4, lorsqu'on sut que la tactique de la résistance était d'énerver lentement les troupes par des marches et des contre-marches, qu'on se décida à contraindre la Montagne à montrer ses forces elle les montra, elles étaient faibles. Mais elle-même ne se montra pas et fit bien.

Cette situation ridicule, de chefs de révolution au-dessous de leur mandat, pesait sur les Montagnards dès le 18 novembre. Pour soulager leur conscience, ils essayèrent de réveiller la vieille proposition de M. Pradié, qui sommeillait dans les cartons de la questure. Mais c'étaient là des formalités parlementaires, alors qu'il aurait fallu opposer la force à la force, descendre dans la rue, risquer sa peau.

Le lendemain, les vainqueurs ont raconté qu'ils avaient fait leur coup d'État le 2, parce qu'ils savaient que le 3 l'Assemblée devait en faire un. A l'appui de cette affirmation, ils ont montré des papiers, trouvés chez les questeurs, qui, en effet, indiquaient les préparatifs d'un acte de violence contre la présidence. Les questeurs ont répondu — et on doit les croire — que ces papiers avaient été préparés dès le 16 novembre pour le cas où la loi sur la réquisition directe aurait été votée.

Il est donc bien évident que cette loi était le cheval de Troie des Ulysses de la rue de Poitiers (1).

---

(1) Un ancien capitaine du 15ᵉ léger, aujourd'hui colonel en retraite, m'a raconté que, le 4 décembre, son régiment étant chargé de garder le palais de l'Assemblée, il reçut, lui et son

La partie perdue, il fallait détruire ces papiers devenus inutiles ; mais les parlementaires ne détruisent jamais de papiers ; ils les conservent dans des châsses et croient toujours qu'ils témoigneront de leur énergie en prouvant qu'ils ont dit ceci et qu'ils ont eu le projet de faire cela. A l'Élysée, où l'on savait faire les choses, les papiers ne furent écrits qu'au dernier moment ; les proclamations au

sergent-major, l'ordre d'accompagner un commissaire de police venu pour faire une visite domiciliaire dans l'appartement d M. Baze. Ils représentaient la force publique et signèrent au procès-verbal.

C'est dans un cartonnier fermant à clé, et qui n'a été ouvert qu'avec l'assistance d'un serrurier, qu'ont été trouvés les ordres en blanc et sans date, revêtus du cachet du président de l'Assemblée, mais non de sa signature, à M. le général de division ..... de prendre le commandement :

De la 1re division militaire de l'armée de Paris et des gardes nationales de la Seine ;

De la 1re, de la 2e, de la 3e division d'infanterie, etc., etc.

Avec ces ordres se trouvait le tableau de l'emplacement des troupes composant l'armée de Paris, tableau qui lui parut généralement exact malgré quelques erreurs provenant de mutations récentes.

A son récit, cet ancien capitaine a ajouté celui des premières revues de Satory en 1850.

Son régiment était de la dernière revue avec le 7e bataillon de chasseurs à pied qui a défilé après lui, puis le 58e de ligne que suivait une assez nombreuse cavalerie. A l'arrivée sur le terrain, le colonel Guillot réunit autour de lui les commandants de compagnie et leur dit :

« Le général en chef verrait avec déplaisir que la troupe ne gardât pas le silence pendant la revue ; recommandez donc que l'on s'abstienne de crier, soit à l'arrivée du président, soit pendant le défilé. »

La recommandation fut faite, le silence fut observé L'infan-

peuple français et à l'armée avaient été rédigées dans la nuit du 16 au 17, les décrets de dissolution et d'appel au peuple le furent dans la journée du 30 novembre.

MM. de Morny, de Persigny, Fleury, de Béville, Saint-Arnaud, Mocquart et peut-être deux ou trois autres personnes, ont connu la date et l'heure avant l'exécution. Quant à la confidence, elle s'étendait loin, très loin, et tout le monde au ministère de la guerre savait qu'avant le 5 le coup d'État serait fait, parce qu'une circulaire télégraphique avait

---

terie fut généralement silencieuse, mais pour la cavalerie il n'en fut pas de même.

La revue passée, le président offrait à déjeuner aux officiers, avant leur retour à Paris.

En voici le détail : Dans un panier de 0^m,40 de haut sur 0^m,40 de large et 0^m,60 de long se trouvaient six petits pains de deux sous, coupés en deux et contenant de la volaille froide et du jambon. Cela était accompagné d'une bouteille de champagne, une seule, et six verres de cabaret.

Voilà ce que les journaux ont appelé les orgies de Satory.

Comme le capitaine et cinq de ses camarades commençaient à déguster ces vivres de choix, le prince — qui ne connaissait aucun d'eux — s'était approché pour leur dire quelques paroles gracieuses. Alors le colonel Guillot accourut, coupa presque la parole au président, en disant :

« Messieurs, buvons à la santé du prince !

— Colonel, répliqua celui-ci, votre régiment a été, ce matin, magnifique de tenue et de silence. »

Ces trois derniers mots bien soulignés, le chef de l'État tourna sur ses talons, non sans avoir entendu cette excuse dite d'un ton assez piteux :

« Monseigneur, nous avons reçu des ordres..... »

Cela n'a pas empêché le colonel Guillot d'être nommé général de brigade après le 2 décembre.

été lancée le 25 novembre, ordonnant à tous les officiers en congé, pour tout autre motif que celui de convalescence, d'avoir à rejoindre leurs régiments le plus tôt possible.

Le samedi 29 novembre, on crut bien que ce serait pour le soir. Mais Paris allait avoir une élection à faire en remplacement du général Magnan, représentant démissionnaire. Bien que l'agitation électorale ne fût pas très apparente et qu'elle se réduisît à une émotion purement orléaniste, le prince tint à laisser fonctionner au moins une fois, à Paris, la loi du 31 mai. Ce n'était plus des légions formidables d'électeurs qui se présentaient aux urnes : 52,369 seulement, sur 151,748 inscrits, vinrent donner leurs votes à M. Devinck, l'honorable chocolatier de la rue Saint-Honoré. La rue de Poitiers, ne sachant à quel saint se vouer, avait choisi cet excellent homme pour faire honneur à la boutique parisienne ; elle ne se doutait pas qu'elle sacrait un candidat officiel du second Empire, candidat qui ne put être déboulonné que par M. Thiers, et encore onze ans après (1).

(1) La boutique parisienne a été longtemps favorable à l'empire et, en 1863, la 2º circonscription électorale de Paris était encore très attachée à M. Devinck, député parfait, très éclairé, très honnête. Certes, M. Thiers n'avait aucune chance de passer, lorsque M. de Persigny, obéissant aux conseils de journalistes, aussi maladroits que zélés, fit paraître dans le *Constitu-*

Les opérations électorales, qui duraient alors deux jours, permirent d'employer le dimanche 30 novembre et le lundi 1ᵉʳ décembre aux derniers préparatifs.

Sous l'Empire toutes les histoires officielles ou non, ont raconté que le lundi soir, après la réception seulement, fut prise la détermination sur laquelle on ne devait plus revenir. Tout démontre, au contraire, que c'est dans la soirée du samedi que la décision a été arrêtée et toutes les mesures réglées.

Ce n'était pas une chose facile que de mouvoir tous les services de la préfecture de police et du ministère de la guerre. Les arrestations qui devaient être faites vite et sans bruit nécessitaient une série d'ordres délicats. On a raconté, pour avoir le droit de dire qu'il s'était vendu, que le colonel Espinasse n'avait été prévenu que le 2 à une heure du matin; or, des amis du général Espinasse racontaient de leur côté que, quinze jours avant — dans

---

tionnel un article des plus violent contre l'*historien national*. M. Thiers fut élu grâce à cette publication dangereuse.

À Paris, où on le connaissait bien, M. Thiers a toujours été haï ou méprisé. Si, parfois, il y a reconquis un peu de popularité, c'est toujours par la maladresse de ses adversaires. Dans un siècle, Paris excécrera M. Thiers et objurguera la mémoire de cet homme politique qui, dans un intérêt ministériel, malgré les conseils des hommes compétents, a voulu quand même construire les fortifications. Les fortifications! qui n'ont pas sauvé Paris de l'ennemi et qui lui ont donné la Commune.

un dîner au Café anglais — il avait dit : « C'est moi qui jetterai les représentants dans la Seine. » Personne n'a été surpris, pas plus les partisans que les adversaires. Tout le monde s'attendait au fait brutal, les auteurs comme les victimes.

L'effroyable terreur qu'inspiraient alors les complots des rouges, l'habileté avec laquelle on avait exploité le procès Gent, à Lyon, la lassitude de l'opinion faisaient désirer que cela finît et finît vite. J'ai entendu alors beaucoup de gens remettre un projet après le coup d'État. C'était une échéance. Le président de la République avait tant répété qu'il maintiendrait l'ordre, qu'en voyant l'ordre profondément troublé, chacun attendait et désirait une solution. M. Thiers prêchant, pendant les six derniers mois de 1851, la mise hors la loi du prince Louis, reconnaissait la nécessité d'un coup d'État. Qu'il ait regretté de ne l'avoir pu faire lui-même; que les orléanistes fussent chagrins qu'il ne se soit pas accompli au profit de leurs princes, c'est naturel ; mais lorsqu'on vit les princes protester contre le fait accompli, on s'étonna de leur réclamation tardive.

Ce qui fait la moralité du 2 Décembre et de l'Empire qui le suivit, c'est que la présidence — M. Grévy par la façon dont il l'occupe aujourd'hui a bien prouvé son inutilité — était une institution antirépublicaine; c'est aussi que la France ne voulait plus de la République; que rien n'était possible autre que le prince. Le parti légitimiste restait immobile; quant à la fusion, la réponse du duc de Nemours à M. Guizot et à M. Dumont constatait qu'elle n'avait fait aucun pas. Restait la candidature du prince de Joinville à la présidence; elle était illégale de par la constitution non revisée et la famille d'Orléans la désavouait.

Le coup d'État n'était en réalité qu'un duel entre le parti de l'ordre social et le parti du désordre social. Les partis politiques ne pouvaient en être que les témoins, et ils eussent gagné beaucoup en considération, s'ils étaient restés des témoins silencieux.

Qu'une autre solution eût été préférable pour la France, cela n'est pas discutable; mais il n'y en avait pas d'autre — et ce qui pèse peut-être encore plus dans l'histoire — la France croyait qu'il n'y en avait pas d'autre.

Bien qu'un nouveau préfet de police, M de Maupas, fût installé à la préfecture, M. Carlier n'en restait pas moins le confident des pensées secrètes du prince. Il s'était retiré avec le dernier cabinet parlementaire, beaucoup parce que sa présence à la préfecture avait le don d'irriter la rue de Poitiers et la questure qui marchaient d'accord. M. Carlier avait été forcé par les circonstances d'entretenir à l'étranger des agents secrets auprès de Ledru-Rollin et des réfugiés de Londres et de Lausanne. Par de faux condamnés politiques, il savait jour par jour ce que complotaient les politiques socialistes internationaux groupés dans ces deux villes. Il avait appris que tous devaient rentrer en France le jour de la levée de boucliers anarchistes.

Les événements, en se précipitant, avaient fait comprendre au parti avancé qu'il ne pourrait peut-être pas atteindre le premier dimanche de mai 1852, pour livrer la bataille. De même qu'on avait médité à l'Élysée de faire le coup d'État le 17 novembre, et à la questure d'arrêter le président ce jour-là; de même à l'étranger, on avait été d'avis que le succès ou la défaite de la proposition des questeurs, pouvant amener un conflit, tous les montagnards et tous les exilés devaient assister le parti républicain dans ses revendications. Mais cette résolution, annoncée habilement par les journaux de l'Élysée, n'avait pu être mise à exécution. Cependant, cette épée de Damoclès restant toujours suspendue, elle servit de prétexte au redoublement de précautions militaires et policières qui furent prises le 30 novembre et le 1ᵉʳ décembre. Le bruit fut même propagé, ce dernier jour, qu'une quantité de révolutionnaires ardents étaient cachés dans Paris depuis quarante-huit heures et qu'on allait procéder à leur arrestation (1).

Toutes les chancelleries étaient en éveil. Les ambassadeurs des diverses puissances avait prévenu leurs gouvernements et demandé des instructions spéciales pour les différents cas qui devaient se présenter. Le lundi soir, à l'issue de la séance de l'Assemblée, les représentants paraissaient toutefois un peu rassurés. Rien ne lasse les nerfs comme l'attente d'un gros événement prévu qui n'arrive pas. Ce bourdonnement qui traversait les journaux et les ateliers, pour remonter dans le monde parlementaire et le monde financier, finissait par fatiguer les

---

(1) L'auteur était le 1ᵉʳ décembre au soir au théâtre de la Gaîté (ancien boulevard du Temple); il y rencontra le commissaire de police qui devait arrêter le général Lamoricière et qui avait été son maître d'étude au collège Saint-Louis. Celui-ci lui raconta qu'il était mandé à la préfecture à minuit, sans doute pour procéder à l'arrestation des réfugiés. Il avait donc été prévenu dans la journée. Par conséquent, M. de Maupas avait reçu ses ordres avant minuit.

Toutes les histoires du coup d'État sont donc dans l'erreur lorsqu'elles assignent la nuit du 1ᵉʳ au 2 comme date formelle de la décision. Cette décision avait été prise le samedi, c'est-à-dire le 29 novembre.

esprits. Les rédacteurs des feuilles menacées par la crise affectaient une confiance complète, tandis que les ouvriers imprimeurs les sollicitaient de s'armer pour la résistance.

Le prince ne voyait plus son oncle Jérôme, ni son fils, ni le prince Canino, qui paraissaient opposés à toutes ses tentatives. Sur la demande formelle des principaux champions du président, ils avaient été consignés à la porte de l'Élysée. Mais, à l'affût de tous les événements, ils ne pouvaient ignorer les préparatifs, s'ils ne connaissaient pas la date de l'exécution. M. de Girardin — l'ami intime du prince de la Montagne — semble en effet avoir eu, à heure fixe, le sentiment de la crise (1). Le général Saint-Arnaud affectait

(1) Dans un livre anonyme, mais dont tout le monde connaît l'auteur, ancien chef d'escadron d'état-major attaché au roi Jérôme *(Histoire militaire et anecdotique du coup d'État* (1851), in-8°. Paris, Dentu, 1872), la conduite du prince de la Montagne pendant le coup d'État est décrite presque heure par heure. C'est le plus sanglant réquisitoire qui ait jamais été écrit contre le Jérômisme. Après l'avoir lu, un honnête homme ne peut pas envisager sans frémir l'éventualité qui mettrait à la tête de la France un prince du caractère du prince Jérôme. Le prince qui devait tout accepter de l'Empire : un grade supérieur dans l'armée, une riche dotation, une alliance princière, même l'hérédité éventuelle qui est devenue définitive, que personne ne songe à lui contester, mais dont on ne veut pas qu'il profite ; le prince a conspiré dans l'ombre du 2 au 4 contre la réussite du coup d'État. Si nous n'avions que l'œuvre anonyme dont nous révélons ici l'existence pour prouver ce que nous avançons, nous nous tairions. Mais Victor Hugo constate qu'il a vu Jérôme Napoléon dans les réunions de montagnards; Bes-

un air délibéré et se montra, à la dernière séance de l'Assemblée, en homme qui n'a rien à faire et qui cherche des distractions.

Au dernier moment, un petit événement faillit tout arrêter.

Dans la journée du 1er, l'effacement de M. de Persigny devant M. de Morny étant une affaire convenue, on décida que le ministre des affaires étrangères ne serait pas changé. Mais, en même temps, un cas de conscience fut soulevé. MM. Fould et

lay, dans ses *Souvenirs 1830, 1848, 1870* (in-18. Paris, Sandoz, 1874), ajoute qu'il a été reçu comme un espion au service du parti ennemi. Bien plus, M. Taxile Delord, le seul historien qui ait écrit jusqu'à présent une *Histoire du second Empire* complète et étudiée, dans un esprit de dénigrement systématique, il est vrai, a raconté la scène suivante dans son premier volume (page 389) :

« M. Napoléon Bonaparte, en ce moment dans les bureaux
» de la *Presse*, se résignait moins aisément à cette nécessité.
» Pendant que M. de Girardin prêtait l'oreille aux observations
» de ses collaborateurs, M. Napoléon Bonaparte, ouvrant tout à
» coup la porte d'une salle attenant au bureau de rédaction,
» s'écriait : — « Vous acceptez donc ce qui se fait ? — Et vous,
» lui demanda une des personnes présentes, en montrant la
» proclamation, signerez-vous cette pièce ? — Ma position ne
» me le permet pas, répondit M. Napoléon Bonaparte. — Ne
» conseillez pas alors aux autres ce que vous ne voudriez pas
» faire vous-même.

» M. de Girardin jeta les épreuves au panier. »

Cette scène se passait le 5 décembre 1851, à dix heures du matin. Le volume de M. Taxile Delord où elle a été publiée, date de 1869. M. Émile de Girardin, bien loin de démentir le fait, l'a confirmé publiquement. Du reste, il lui eût été difficile de faire autrement, puisque M. Taxile Delord parlait *de visu* et que plusieurs témoins oculaires vivaient encore.

Rouher, qui faisaient partie du nouveau cabinet, savaient qu'un assez louche personnage, ex-ministre de Louis-Philippe, condamné pour concussion, avait fait parvenir à l'Élysée un dossier complet sur la *légalité* et l'*opportunité* de la confiscation des biens de la famille d'Orléans. Ils s'étaient loyalement expliqués avec le prince sur l'*illégalité* et l'*impopularité* d'une pareille mesure et prétendaient qu'un tel acte rouvrait la Révolution au lieu de la fermer. Il semblait, d'après les réponses qu'ils avaient reçues, que l'affaire était enterrée, lorsque, dans la matinée du 1er, ils apprirent que le personnage en question avait fait revenir à la charge et que quelques-uns de leurs futurs collègues étaient favorables au projet de confiscation, si l'on en faisait le point de départ de dotations à l'armée, aux ouvriers, et si l'on employait une partie de son produit à l'exécution du testament de Napoléon Ier. Une discussion assez vive s'entama, mais, comme elle était oiseuse, et que le prince Louis-Napoléon, enfin décidé à passer le Rubicon, tenait absolument à la date du 2 décembre, on coupa court à tout, en ajournant au lendemain la publication totale de la liste ministérielle.

Le lendemain, les difficultés furent aplanies par une déclaration réciproque très nette et une lettre de MM. Rouher et Fould, insérée dans les papiers volés aux Tuileries après le 4 septembre par la Commission des mouchards républicains, constate ce dernier spasme des auteurs du coup d'État.

Les décrets de confiscation ne sortirent en effet qu'après la protestation des princes insérée dans les journaux belges, protestation inutile, je l'ai dit, qui n'autorisait pas un tel acte, mais, convenons-en avec sincérité, qui pouvait irriter un pouvoir nouveau ne succédant pas à Louis-Philippe, mais assumant sur lui la lourde responsabilité de combattre l'armée du désordre.

On sait ce qui se passa de neuf heures à minuit, le 1er décembre, à la réception de l'Élysée ; ce sont là des faits épisodiques et la menue monnaie de la conversation.

A minuit, le coup d'État tant redouté, tant essayé, tant repoussé, entrait dans son exécution. Paris dormait, calme et reposé ; personne de ceux qui, pendant la journée, avaient plus ou moins vaticiné sur ses chances, ne songeait qu'il fût si proche.

Maintenant, il ne me reste plus qu'à examiner brièvement s'il était possible qu'il manquât.

M. de Persigny avait dit souvent : « L'oser,

c'est le réussir », et il avait vu juste. Le prince Louis-Napoléon avait été élu président par le suffrage universel mécontent de la République et surtout mécontent des républicains. Si les royalistes qui formèrent la majorité de l'Assemblée législative avaient soutenu le président en l'emprisonnant dans leur faveur, il serait arrivé sans ennui au terme de son mandat, mais aussi sans occasion d'en sortir. En affichant la prétention de rétablir la monarchie à ses dépens et avec son aide, elle lui avait donné le droit légitime de travailler dans son propre intérêt.

D'ailleurs, le gros peuple, les gens de fait, qui travaillent, n'ont point à l'égard des gouvernements de bien grandes délicatesses de sentiment. Beaucoup de Français ont entendu avec plus ou moins de plaisir crier : *Vive le Roi!* en 1830, *Vive la République!* en 1848, et en 1852, *Vive l'Empereur!* et ne sont pas pour cela des girouettes. Les cinq sixièmes des électeurs sont acquis de droit à celui qui tient la queue de la poêle. La passion, la ténacité, la fidélité politique sont le luxe des oisifs, des raffinés, des ambitieux. Si les prétendants savaient combien il est facile dans notre pays, avec un peu de courage, avec des amis hardis, dévoués et n'ayant rien à perdre, de faire une révolution, nous aurions encore des princes de bonne volonté. Le difficile là-dedans n'est pas de pouvoir, c'est de vouloir.

Le grand mérite du prince Louis fut qu'il voulait bien. Ses amis qui lui avaient longtemps reproché sa taciturne immobilité, comprirent plus tard que l'Empire ne put durer dix-huit années, que parce qu'on l'avait laissé mûrir quatre ans sur l'arbre de la présidence.

Sans doute la répression dépassa la résistance.

A Paris, la résistance fut nulle, il suffit de lire l'*Histoire d'un crime* ou *M. Victor Hugo à la recherche d'une barricade*, pour s'en rendre compte.

En province, on en eut raison partout plus facilement encore.

Mais si le 2 décembre, Napoléon III avait travaillé à son profit, il ne faut pas oublier que, les jours suivants, tout ce qu'il y avait de conservateurs en France exigea de lui qu'il fût impitoyable pour ce que l'on appelait les rouges. C'était à la condition expresse qu'il débarrassât le pays de tous les turbulents et de tous les agitateurs, que les modérés de tous les partis lui prêtaient leur appui.

En 1871, à la fin de la Commune, M. Thiers en a commis bien d'autres pour ne rien créer du tout.

L'impartiale histoire commence à être moins sévère pour le coup d'État de 1851, car on a vu, par ce qui s'est passé en 1877, qu'il est plus facile de rêver un acte de cette portée que de le réussir.

FIN.

TABLE DES MATIÈRES

	Pages.
PRÉFACE.	I

CHAPITRE PREMIER. — La *Revue comique*. — Les partis en novembre 1848. — Les caricatures. — Un mot de Lamartine sur le 24 février. — *Napoléon, sois bon républicain!* — L'Hôtel du Rhin. — Un souvenir de Strasbourg. — Le traître de Boulogne. — La Société du 10 décembre 1

CHAPITRE II. — L'Élysée le 20 décembre. — Le cabinet temporisateur. — Les traîtres de Boulogne. — Dislocation partielle du cabinet. — MM. Thiers, Victor Hugo et Girardin quittent le parti napoléonien. — M. Odilon Barrot. — Le 29 janvier. — Les premiers cris de « Vive l'empereur! » — Dissolution partielle de la garde mobile. — L'aigrette et le plumet. — Le prince ne veut pas encore un coup d'État. — La famille! — Lettre du prince Louis au prince de la Montagne. 25

CHAPITRE III. — Résultat des élections générales d'avril 1849. — L'expédition de Rome. — Le 13 juin. 47

CHAPITRE IV. — Voyages politiques du Président. — Les carnets de voyage. — Chartres, Amiens, Angers,

Pages.

Nantes, Saumur, Ham. — Une lettre du prince Louis à Napoléon Ier. — Vers de Théophile Gautier. — La rue de Poitiers. — Les Burgraves. — Chute d'Odilon Barrot. — L'*Assemblée nationale*. — La propagande de la rue de Poitiers   61

CHAPITRE V. — La presse bonapartiste. — Les grands journaux conservateurs. — Le docteur Véron. — Les cloches de second rang. — Le parti bonapartiste se recrute et s'organise. — M. de Persigny. — Son rôle. — M. Rouher bat M. Thiers à la Législative. — Les manifestations de février 1850. — M. Thiers et M. de Montalembert. — La lutte est engagée. . . .   79

CHAPITRE VI. — Les nouveaux ministres. — Louis Napoléon se décide. — Changarnier, son portrait, son sans-gêne, ses bons mots. — Il est mis sous la surveillance de M. Carlier. — L'*Union électorale* et le *Comité central démocratique*. — Physionomie des conclaves. — M. de Girardin est battu. — Les élections du 10 mars. — M. Baroche.   93

CHAPITRE VII. — Manifestations bruyantes contre Louis Bonaparte, à Paris. — La catastrophe d'Angers. — Dix-sept balles. — La loi du 31 mai. — Ce qu'elle a produit. — Émeute prévue vaincue d'avance. — La misère des élyséens. — Les attaques contre la vie privée du président. — La loi Fould. — La rue de Poitiers refuse de l'argent. — Intervention du général Changarnier. — Coups d'Etat et révolutions . . .   112

CHAPITRE VIII. — « Mossou Baze ». — Nomination de la commis ion de permanence. — Les voyages des royalistes. — La mort de Louis-Philippe. — Le manifeste orléaniste. — Opinion de Louis-Napoléon sur les divers partis. — Les gourdins de la Société du 10 décembre à la gare Saint-Lazare.   133

TABLE DES MATIÈRES

Pages.

CHAPITRE IX. — Un faux message. — Thomas Diafoirus. — Le complot des Tuileries. — Ce polisson de Molé. — M. de Persigny trouve un ministre de la guerre. — Le général Regnault de Saint-Jean d'Angely et le général Baraguay-d'Hilliers. — L'*Empire est fait*. 149

CHAPITRE X. — Sera-ce Bosquet? sera-ce Saint-Arnaud qui fera le coup d'État? — Mission du commandant Fleury. — Le ministère des commis. — Pas une minute, pas un sou. — Heureuse tactique de M. Véron. — La Fusion. — Sa solution est pressante. . . 165

CHAPITRE XI. — Troisième anniversaire de février. — L'amnistie. — Les réfugiés de Londres et de Lausanne. — La terreur rouge. — La revision. — Le prince annonce le coup d'État. — Nouveau cabinet. — L'organisation de l'anarchie. — Le *spectre rouge*. 181

CHAPITRE XII. — Le prince et les indiscrets. — Le personnel civil et judiciaire est choisi pour le coup d'État. — Conquête de M. Billault. — Entrevue du prince et des chefs de la majorité. — L'opinion se prononce contre l'Assemblée. — Dernier changement de cabinet 201

CHAPITRE XIII. — Les troupes d'Afrique appelées à Paris. — La garde nationale paralysée. — Pourquoi l'armée était dévouée corps et âme au prince. — Saint-Arnauld et l'armée de Paris. — La loterie du *Lingot d'Or*. — La proposition des questeurs. — Délibération à l'Élysée. — Les ordres sont donnés pour faire le coup d'État le 17 novembre 217

CHAPITRE XIV. — La séance du 17 novembre. — La maladresse de M. Vitet. — La Montagne et la Plaine. — Toast du 1er et du 7e lanciers. — Le coup d'État

Pages.

est ajourné. — Indiscrétions commises. — M. Dupin.
— Un déjeuner chez le général Magnan. 235

CHAPITRE XV. — Le haut commerce à l'Élysée. —
M. Michel de Bourges et la Montagne. — Le colonel
Espinasse. — Les Réfugiés. — Les décrets de confiscation des biens de la famille d'Orléans. — La
philosophie du 2 décembre. 250

FIN DE LA TABLE.

PARIS. — IMP. CHAIX (S.-O.) — 19358-4.

www.ingramcontent.com/pod-product-compliance
Lightning Source LLC
Chambersburg PA
CBHW070748170426
43200CB00007B/695